LENA MERZ & ANNINA SCHÄFLEIN

BREIFREI EXPRESS

Die **schnellsten Rezepte** von den Expertinnen des **breifreibaby-Blogs**

LENA MERZ & ANNINA SCHÄFLEIN

BREIFREI EXPRESS

Die **schnellsten Rezepte** von den Expertinnen des **breifreibaby-Blogs**

FOTOS: SABRINA SUE DANIELS

INHALT

AB BEIKOSTREIFE

AB PINZETTENGRIFF

Diese Wertmarken zeigen dir bei jedem Rezept, ob dein Baby das Gericht direkt nach Erfüllung der Beikostreifezeichen essen darf oder ob du es deinem Kind erst nach Erlernen des Pinzettengriffs anbieten solltest. Was das genau bedeutet, kannst du ab Seite 8 nachlesen.

Bei vielen Rezepten findest du außerdem diese Icons:

- glutenfrei
- milcheiweißfrei
- vegan

LIEBE MAMA, LIEBER PAPA,

wir wissen nur zu genau: Wenn plötzlich kleine Kinder im Spiel sind, bleibt keine Zeit mehr, lange in der Küche zu stehen. Die Babys möchten doch getragen, bekuschelt, gestillt, bespielt, besungen und gewickelt werden … und währenddessen brennt das Gemüse in der Pfanne an. Deshalb gibt es in diesem Buch von uns brandneue Expressrezepte – mit einer maximalen Zubereitungszeit von 30 Minuten. Meist liegt sie sogar deutlich darunter oder das Familiengericht braucht nur noch etwas Zeit im Ofen.

Auf jeden Fall ist die Beikostzeit etwas, auf das du dich sehr freuen darfst! Dein Baby wird dich jeden Tag überraschen und dich damit erfreuen, dass es schon von Beginn an das Gleiche essen kann wie die Familie. Du findest also nicht nur schnelle Breifreirezepte für die ganze Familie in diesem Buch, sondern auch eine Einführung in das Thema baby-led weaning. Wir geben dir Expresswissen zur Beikosteinführung an die Hand, klären über ungeeignete Lebensmittel auf und verraten dir, mit was du den Vorratsschrank am besten bestückst. Darüber hinaus gibt es noch Tipps für Vorabendrezepte – also solche, die du komplett vorbereiten kannst – und die besten Tricks, wie es in der Küche noch schneller geht. Du wirst sehen: Auch wir greifen, wo immer es geht, zur einfachsten Lösung.

Diese Leichtigkeit darfst du dir nicht nur beim Kochen bewahren, sondern auch auf der kompletten Beikostreise mit deinem Baby und später Kleinkind. Vieles ergibt sich von selbst, wenn wir darauf vertrauen, dass die Babys ihren Weg gehen und aus einem gesunden Angebot das wählen, was sie jetzt gerade brauchen und mögen.

Hast du noch Fragen? Gerne stehen wir dir auf den Social-Media-Kanälen (@breifreibaby_) oder unserer Website www.breifreibaby.de mit Rat und Tat zur Seite.

Herzlich

Amina & Lena

breifreibaby
Essen wie die Großen
reibaby
die Großen

WAS IST BREIFREI?

Breifrei oder BLW (Baby-led weaning) bezeichnet die babygeleitete Beikosteinführung mit Familienkost: Das Baby bekommt weiterhin Muttermilch oder Säuglingsersatznahrung nach Bedarf und stillt sich so in seinem eigenen Tempo ab. Auf das Füttern von Babybrei wird verzichtet. Mit angepassten Familiengerichten und babygeeigneten Lebensmitteln lernt das Baby die unterschiedlichen Aromen, Farben, Formen und Konsistenzen langsam und mit der Familie kennen.
Einen starren Ernährungsplan gibt es hier nicht. Die Beikosteinführung erfolgt schrittweise, während Muttermilch oder Pre-Nahrung weiter die Hauptnahrungsquelle bleibt und das Baby so ergänzend mit Energie, Flüssigkeit und Nährstoffen versorgt.

WANN IST DAS BABY BEREIT?

Egal, ob dein Baby mit fester, babygeeigneter Kost oder mit Babybrei in die Beikostzeit startet – mit den drei Beikostreifezeichen zeigt dir dein Baby, dass es von seiner Entwicklung her bereit für Essen ist. Erst wenn alle drei Reifezeichen erfüllt sind, sollte das erste Mal etwas zu essen angeboten werden. Jedes Kind entwickelt sich individuell und wird die Reifezeichen zwischen dem 6. und 8. Monat zeigen – also sei geduldig:

Ausreichende Rumpfstabilität

Dein Baby kann mit wenig Unterstützung auf dem Schoß sitzen. Es hat einen gewisse Rumpfstabilität und kann seinen Kopf halten.

Verschwundener Zungenstreckreflex

Der angeborene Zungenstreckreflex (dient als Schutz vor Verschlucken und Ersticken) ist verschwunden. Das bedeutet, dass nichts mehr, was die Lippen deines Babys berührt, automatisch von der Zunge aus dem Mund herausgeschoben wird.

Vorhandene Hand-Mund-Augen-Koordination

Dein Baby beherrscht die Koordination von Augen, Hand und Mund. Es kann vor ihm liegende Lebensmittel sehen, mit den Händen greifen und gezielt zum Mund führen.

WARUM DEIN BABY BEIKOST BRAUCHT

Wenn das Baby etwa 6 Monate alt ist, deckt die Muttermilch (oder Pre-Nahrung) nicht mehr den täglichen Energie- und Nährstoffbedarf. Daher sollte einem beikostreifen Baby geeignete Beikost angeboten werden. So kann der steigende Bedarf an Kalorien, Eiweiß, Zink und Eisen gedeckt werden.

WANN DEIN BABY IM HOCHSTUHL SITZEN KANN

Sobald sich dein Baby in die sitzende Position bringen kann, in den Kniestand geht oder sich stellt, darf es im Hochstuhl sitzen. Es hat dann eine gute Kontrolle über seinen Rumpf, kann das Gleichgewicht halten und damit sicher und aufrecht im Stuhl sitzen. Der Hochstuhl sollte unbedingt ein Fußbrett haben, damit dein Baby im Fall des Verschluckens leichter abhusten kann. Stelle das Fußbrett so ein, dass dein Baby die Füße locker abstellen kann.

WANN UND WIE OFT BEIKOST?

Babys dürfen an allen Familienmahlzeiten teilnehmen und außerdem zwischendurch Snackmahlzeiten angeboten bekommen. Es gibt keine vorgegebenen Zeiten oder Mahlzeiten, mit denen gestartet oder zu denen Essen angeboten werden sollte. Wichtig ist nur: Dein Baby sollte ausgeruht, nicht zu hungrig, aber auch nicht völlig satt von der letzten Stillmahlzeit sein. So kann es neugierig und entspannt mit dem Experiment Essen starten.

Ofengemüse, Waffeln, Nudeln mit Tomatensauce, frisches Obst oder eine Scheibe Brot – dein Baby kann von Anfang an das Gleiche essen wie der Rest der Familie.

IN WELCHER FORM KÖNNEN LEBENSMITTEL ANGEBOTEN WERDEN?

Um das Greifen am Anfang zu erleichtern, können Lebensmittel in 2 cm dicken und 5–7 cm langen Sticks angeboten werden. Wichtig ist auch die Konsistenz: Die Lebensmittel sollten nicht zu weich sein, da sie sonst durch das noch grobmotorische und wenig kontrollierte Greifen und Halten von der Babyhand zerquetscht werden. Zu hart sollten sie auch nicht sein, denn sonst kann dein Baby sie nicht zerkleinern – stattdessen könnte es sich daran verschlucken und ersticken.
Die perfekte Konsistenz kannst du leicht prüfen: Kannst du das Lebensmittel mit leichtem Druck zwischen Daumen und Zeigefinger zerdrücken? Dann kann dein Baby das auch, indem es das Lebensmittel mit seiner Zunge an den Gaumen drückt.

WÜRGEN, VERSCHLUCKEN UND ERSTICKEN

Würgen ist ein Schutzreflex des Körpers und bei manchen Babys noch stark ausgeprägt. Speisestücke, die noch zu groß sind, werden so weiter nach vorn oder ganz aus dem Mund befördert. Dieser Reflex deines Kindes soll es vor dem Verschlucken und Ersticken schützen. Um dich sicher zu fühlen und deinem Baby in einer Notfallsituation schnell helfen zu können, kannst du auch einen Kinder-Erste-Hilfe-Kurs besuchen – hier lernst du, wie du im Notfall richtig handelst, und bist gut vorbereitet.

SO KANNST DU DIE MAHLZEITEN SICHER GESTALTEN

Biete deinem Baby erst Beikost an, wenn es die drei Reifezeichen erfüllt. Füttere dein Baby nicht und lass es nicht im Liegen oder in der Babyschale essen. Dein Baby muss immer aufrecht auf deinem Schoß oder später im Hochstuhl sitzen. Die Mahlzeiten dürfen entspannt und ohne Ablenkungen wie den laufenden Fernseher stattfinden. Bitte greife deinem Baby nicht in den Mund.

WANN UND WAS DAS BABY TRINKEN DARF

Ein gestilltes Baby benötigt erst dann zusätzliche Flüssigkeit, wenn tatsächlich auch einiges der angebotenen Mahlzeiten im Magen landet. Vorher ist es durch die Muttermilch mit Flüssigkeit versorgt. Einem Baby, das Säuglingsersatznahrung bekommt, kannst du von Beginn an zu den Mahlzeiten etwas Wasser anbieten. Reiche deinem Baby am besten frisches Leitungswasser – Säfte, Limonaden und Tees eignen sich nicht. Als Trinkgefäß kommen offene Gefäße wie kleine Gläser, dickwandige Schnapsgläser oder Eierbecher in Frage.

GEWÜRZE, DIE SICH FÜR BABYS KOST EIGNEN

Auf Salz und scharfe Gewürze wie Pfeffer und Chili solltest du in der Beikostzeit verzichten. Mit gewaschenen, sehr fein gehackten oder auch getrockneten Kräutern dürfen Babys Speisen aber von Anfang an gewürzt werden. Du kannst auch mildes Paprikapulver, gemahlene Bourbon-Vanille, Ceylon-Zimtpulver oder ein mildes Curry verwenden. Ebenso alle anderen Gewürze in kleinen Mengen. Die Großen können dann bei Tisch nachwürzen.

WENN DU MIT BREI ANGEFANGEN HAST

Dein Baby hat mit Brei gestartet? Gar kein Problem, du kannst deinen Baby nach und nach an der Familienkost teilhaben lassen und auch Fingerfood anbieten. So gestaltest du einen langsamen Übergang zur Familienkost.

WELCHES ANGEBOT WIRKLICH WICHTIG IST

Frische, hochwertige und saisonale Lebensmittel dürfen Platz im Speiseplan finden. Biete alle Farben des Regenbogens und somit eine breite Palette der unterschiedlichsten Nährstoffe an. Dein Baby benötigt:
- Kohlenhydrate – sie kommen etwa in Vollkorn-Mehl und -Pasta, Hirse, Reis, Bulgur oder Couscous vor
- gute Fette – etwa aus gesunden Ölen, Avocado oder Milchprodukten
- Eiweiß (Proteine) – etwa aus Hülsenfrüchten, Fleisch, Nüssen und Saaten
- Mikronährstoffe (Vitamine, Mineralstoffe, Spurenelemente und sekundäre Pflanzenstoffe) – finden sich etwa in Pflanzen, Nüssen und Saaten (als Mus oder gemahlen anbieten)

Egal, ob mit Brei, ohne Brei oder mit einem Mix aus Fingerfood und Brei – das Wichtigste ist, dass du möglichst entspannt bleibst und dein Kind Lebensmittel in seinem eigenen Tempo kennenlernen darf.

VORRATSSCHRANK

Tiefgefroren, getrocknet, vorgekocht, vorgeschnitten, frisch vom Feld, vorgebacken oder komplett fertig zubereitet – zum Glück gibt es heute fast alle Lebensmittel in verschiedenen Ausführungen zu kaufen. Und ja, auch Babys dürfen schon ganz viel davon essen. Aber nein, du musst im stressigen Alltag nicht alles selbst machen. Diese Zutaten haben wir eigentlich immer zu Hause:

HÜLSENFRÜCHTE AUS GLAS ODER DOSE

Kidneybohnen, weiße Bohnen, schwarze Bohnen, Linsen und Kichererbsen kaufen wir vorgekocht im Glas. Sie eignen sich aus zweierlei Gründen wirklich gut für Babys Beikost: Zum einen sind sie wunderbar vielseitig und gut weiterzuverarbeiten in Dips, Bratlingen, Waffeln & Co., zum anderen sind sie einfach unglaublich nährstoffreich.

GETREIDE

Bulgur, Hirse, Reis und Dinkel, aber auch die ganzen Instantsorten wie Couscous, Polenta oder Grieß dürfen in keinem Vorratsschrank fehlen. Es gibt immer Sorten mit kurzer Garzeit und andere, die länger brauchen. Wer am Abend vorher einweicht, spart sich am nächsten Tag mind. 5–10 Min. – das lohnt sich also!

Auch Fertigprodukte dürfen sein. Achte beim Einkauf darauf, dass die Zutatenliste möglichst kurz ist und wenig bis kein Salz und Zucker enthalten ist.

KONSERVEN

Kokosmilch, Tomaten & Co. sind als Basis für Saucen immer eine gute Wahl. Daraus lassen sich nämlich in aller Schnelle fast komplette Gerichte kochen: Saucen für Pasta, Brühen für Eintöpfe und Currys und auch Aufstriche für Pizza und Flammkuchen.

GEWÜRZE

Babys dürfen von Anfang an Gewürze essen. Führe sie langsam ein, dann kannst du sie bald in Hülle und Fülle verwenden. Mildes Curry, Kurkuma, Kreuzkümmel, Koriander – in gemahlener Form darf alles in die Gewürzschublade. Ebenso Paprikapulver aller Art, Muskatnuss, getrocknete Kräuter und ein salzfreies Gemüsebrühpulver.

PASTA

Hier eignen sich zu Beginn vor allem Sorten, die sich gut greifen lassen: Spiralen, Spirelli, Penne und Rigatoni. Wenn es schnell gehen muss, am besten schon im Supermarkt zu Sorten greifen, die nur eine kurze Kochdauer von 6–8 Minuten haben. Und auch hier: Abwechslung bringt Nährstoffe – also gerne mal die Vollkornvariante und Pasta aus Hülsenfrüchten mitnehmen.

VEGANE PRODUKTE

Pflanzendrink und Soja Cuisine haben einen großen Vorteil: Sie sind länger haltbar als die Kuhmilchvariante und können deshalb immer als Basis im Vorratsschrank stehen.

NUSSMUSE

Cashew-, Mandel-, Pistazien- und Erdnussmus oder Tahin schmecken nicht nur genial, sie sind auch sehr nährstoffreich. So liefern sie deinem Baby notwendiges Fett und Mikronährstoffe wie Eisen, Zink, Vitamin B2 oder Calcium. Sie machen Saucen, Dips und Teige cremig und sind ein guter »Kleber« für kleine Bällchen aus Reis, Quinoa & Co.

TK-GEMÜSE

Es gibt kaum etwas Praktischeres als TK-Gemüse. Es ist schon geputzt, geschnitten und manchmal sogar vorgegart. Durch das Schockfrosten direkt nach der Ernte bleiben viele Vitamine erhalten. Das macht es perfekt für die Beikost und spart viel Zeit. Besonders clever: ungewürzte TK-Gemüse-Kombis.

PRODUKTE AUS DEM KÜHLREGAL

Gnocchi, Spätzle und Schupfnudeln sind absolute Kinderlieblinge. Greif am besten zu Produkten aus dem Bioladen, da ist weniger von allem drin. Sie lassen sich für die Expressküche besonders gut einsetzen.

LEBENSMITTEL TAUSCHEN

Ein riesiger Vorrat ist gar nicht nötig, denn das Tolle an den meisten Lebensmitteln aus dieser Liste und unseren Rezepten ist: Sie lassen sich ganz leicht untereinander austauschen. Statt Couscous kannst du auch jede andere Getreidesorte verwenden, statt roten Linsen schmecken auch braune oder gelbe und statt Kichererbsen weiße Bohnen. Auch Nüsse und Saaten lassen sich kinderleicht gegen ihre Partner austauschen. Nur Mut, mit etwas Fantasie hast du ein ganz neues Rezept kreiert und bringst Abwechslung auf den Teller.

SCHNELLES KOCHEN

Für die fixe Küche ist neben der Organisation auch die richtige Einstellung und Ausstattung wichtig. Mach es dir einfach ... und lass auch mal fünfe gerade sein.

DIE FIXE KÜCHE

1. Leg alles bereit

Direkt vor dem Loskochen oder schon am Vorabend nicht nur alle Zutaten, sondern auch Küchengeräte und Küchenhelfer bereitlegen. Damit verhinderst du, dass zur Essenszeit plötzlich die benötigte Pfanne dreckig oder gar in der laufenden Spülmaschine steht. Du siehst außerdem, wenn doch noch etwas fehlt, und weißt schon genau, was während des Kochens auf dich zukommt.

2. Lies das Rezept komplett und notiere Änderungen

Wenn du effizient kochen willst, hilft es immer, das Rezept genau zu kennen. So kannst du zum Beispiel leicht Milchprodukte gegen vegane oder Möhren gegen Petersilienwurzel austauschen. Außerdem kannst du ggf. die Ofenhitze weiternutzen, wenn du noch ein zweites Rezept machen möchtest.

3. Wähle die richtigen Zutaten

TK-Gemüse ist bereits gewaschen, geschält und portioniert, TK-Kräuter ebenso. Reis und anderes Getreide gibt es sowohl in der Instantversion als auch vorgegart zu kaufen. Auch manche Fertigprodukte wie Bratlingsmischungen, Hefeteig, Blätterteig und Pesto sind für Babys erlaubt – wenn die Zutatenliste stimmt. Kaufe dazu am besten im Bioladen.

4. Investiere in Küchenhelfer

Wer Zeit sparen will, investiert am besten in gute Küchengeräte und -helfer. Küchenmaschinen zum Raspeln, Mixen und Garen, Mikrowellen für schnelles Erwärmen, Induktionsherde zum fixen Kochen und Kochgeschirr mit guter Leitfähigkeit sind hier echte Helfer in Sachen Zeitsparen.

5. Kombiniere Zeit- und Energiesparen

Gegart wird möglichst mit Deckel. Das Wasser erhitzt der Wasserkocher vorab und Gemüse kann oft mit Schale verwendet werden. Selbst Kleinigkeiten bringen in der Summe einen positiven Effekt.

VORABEND-REZEPTE

Als unsere Kinder noch klein waren – grade beim Übergang von Baby zum Kleinkind – war an gemeinsames Kochen und Backen nicht immer zu denken. Wir haben dann oft am Abend vorher noch schnell vorgekocht oder zumindest Teile vorbereitet. Das spart den Stress und garantiert, dass auch in stressigen Phasen was Warmes auf dem Tisch steht.

Wenn ihr zu zweit seid, macht am besten einen Deal: Eine Person übernimmt die Einschlafbegleitung, die andere kocht vor und räumt die Küche auf – wenn alles erledigt ist, haben beide Feierabend!

WAS ABENDS WIE VORBEREITEN

Gemüse, Obst und Kräuter

Am Vorabend kannst du das gesamte benötigte Frischzeug waschen, putzen und sogar schon schneiden. Über die Schnittkanten entsteht ein leichter Vitaminverlust, deshalb gut verpacken und kühl lagern.

Eintöpfe, Suppen & Aufläufe

Diese schmecken meist am nächsten Tag noch besser. Du kannst sie komplett zubereiten und ungegart in den Backofen stellen oder schon zu 80 Prozent fertig garen.

Saucen, Dips & Marinaden

Lassen sich zu 100 Prozent am Vorabend zubereiten und ziehen dann über Nacht im Kühlschrank durch – das schmeckt dann sogar nochmal besser!

Getreide

Getreide kannst du abends schon komplett vorgaren … das geht sogar schneller, wenn du hier die Resthitze des Herdes vom Kochen optimal nutzt. Gegartes Getreide dann einfach im Topf aufbewahren und am nächsten Tag fix in der Mikrowelle oder auf dem Herd aufwärmen und eine Sauce dazu servieren.

MEAL-PREP-TAGE EINFÜHREN: Babys und Kleinkinder essen neben den Hauptmahlzeiten auch noch unendlich viele Snacks. Natürlich darfst du hier auch zu gekauften Snacks greifen. Oder du hast einige Rezepte aus diesem Buch im Vorrat. Wir haben dazu oft an einem Tag pro Monat drei bis fünf Rezepte vorbereitet – die werden dann in einer Grab-'n'-Go-Box verstaut und portionsweise aufgetaut.

UNGEEIGNETE LEBENSMITTEL

Nun hast du eine Vorstellung davon, welche Lebensmittel und Gerichte sich zu Beginn der Beikost für dein Baby eignen. Es gibt aber auch einige wenige Lebensmittel, die nicht – oder nicht in ihrer ursprünglichen Form – auf Babys Speiseplan gehören. Vielleicht, weil sie aufgrund ihrer Form und Konsistenz einfacher verschluckt werden können, oder, weil sie sich ohne paarige Backenzähne nicht richtig zerkleinern lassen. Wieder andere bringen das Risiko einer Lebensmittelvergiftung oder Infektion mit sich. Wir geben dir hier einen kurzen Überblick, was du während der Beikostzeit beachten musst:

NO-GOS FÜRS BABY

Zucker, Süßungsmitteln und zuckerhaltige Getränke sind unnötig und gewöhnen früh an zu süßen Geschmack.

Bei **Honig und Ahornsirup** besteht die Gefahr des Säuglingsbotulismus.

Salz belastet die noch nicht vollständig ausgereiften Nieren deines Babys. Die empfohlene Maximalmenge im ersten Lebensjahr liegt bei 1 g Salz pro Tag.

Fast Food sowie Convenience- und Fertigprodukte enthalten häufig viel zu viel Salz und Zucker und sind schon für Erwachsene nicht gesund. Es handel sich um stark verarbeitete

Lebensmittel mit Geschmacksverstärkern, Zusatz- und Konservierungsstoffen.
Sehr scharfe Speisen schmecken noch zu intensiv und können deinem Baby sogar Schmerzen verursachen.
Alkohol und Kaffee schaden dem Nervensystem und den Organen deines Babys.

Viele Lebensmittel, von denen man auf den ersten Blick denkt, dass sie für Babys nicht geeignet sind, können babygeeignet und sicher zubereitet werden und so in Babys Speiseplan Platz finden.

AUCH HIER BITTE VORSICHT

Bei **ganze Nüssen** besteht Erstickungsgefahr, da dein Baby die Nüsse ohne Zähne noch nicht zerkleinern kann. Dagegen sind gemahlene Nüsse im Porridge oder in Muffins & Co. genauso wie Nussmus in Saucen oder als Brotaufstrich ab Beikostreife in Ordnung und sogar eine nährstoffreiche Ergänzung von Babys Speiseplan.
Milch und Milchprodukte wie Joghurt oder Quark im 1. Lebensjahr nur in verarbeiteter Form anbieten. Die empfohlene Maximalmenge liegt bei 200 ml Milch pro Tag.
Trauben und Kirschtomaten sind prallelastisch. Sie können sich über die Luftröhre legen und so zum Ersticken führen – bitte nur längs halbiert oder sogar geviertelt anbieten.
Kichererbsen, Erbsen, Blaubeeren und ähnliche runde Lebensmittel zum Beikostbeginn nur zerdrückt oder püriert anbieten.
Steinobst wie Kirschen oder Pflaumen nur entsteint und halbiert anbieten.
Salat, Spinat und anderes Blattgemüse, auch Kohl, können ohne paarige Backenzähne aufgrund ihrer groben Zellstrukturen nicht zerkleinert werden. Du kannst sie aber sehr fein gehackt in Saucen oder in einen Smoothie püriert anbieten.
Rohes Ei ist ungeeignet für dein Baby. Sehr gut durchgegart, etwa als Omelett oder in Waffeln & Co., darf es ab Beikostreife auf Babys Speiseplan Platz finden. Die empfohlene Maximalmenge liegt bei 1 bis 2 Eiern pro Woche (hier zählen auch verarbeitete Eier!).
Roher Fisch und rohes Fleisch, Rohwurst (Salami): Achtung bei Gräten und Knorpeln! Außerdem besteht hier bei Kindern unter 5 Jahren die Gefahr einer Salmonelleninfektion.
Rohes Getreide ist schwer verdaulich.
Frische Sprossen (vor allem selbst gezogene) können gefährliche Keime enthalten und zu einer Lebensmittelvergiftung führen.
TK-Beeren sollten für Babys immer erst erhitzt werden, bevor du sie anbietest.

MACH ES BABYTAUGLICH

REIS: Wähle eine Sorte mit höherem Stärkegehalt, sodass der Reis klebrig wird und du ihn gut zu Bällchen formen kannst (etwa Sushi- oder Risotto-Reis)

PIZZA: Statt die TK-Pizza einfach in den Ofen zu schieben, belege einen salz- und zuckerarmen frischen Pizzateig aus dem Kühlregal oder Zucchinischeiben.

WÜRZIGE, SCHARFE GERICHTE: Entnimm vor dem Würzen eine Portion für das Baby und schmeck den Rest dann kräftg ab. Gut eignen sich auch Saucen und Dips zum Nachwürzen bei Tisch.

FRÜHSTÜCK

ZEBRAKUCHEN-SCHNITTEN

AB BEIKOSTREIFE

1 Die Bananen schälen und mit 100 ml Sojadrink in einem Messbecher pürieren. Das Apfelmark und das Öl unterrühren.

2 Den Backofen auf 180° vorheizen und die Auflaufform mit Backpapier auslegen. In einer Schüssel Mehl, Mandeln und Backpulver mischen, die feuchten Zutaten dazugeben und alles zügig zu einem glatten Teig rühren. Die Hälfte davon in eine zweite Schüssel umfüllen und mit Kakaopulver und restlichem Sojadrink glatt rühren, sodass ein heller und ein dunkler Teig entsteht.

3 Die Teige portionsweise abwechselnd in die Form gießen, sodass nach und nach ein Zebramuster entsteht. Dann den Kuchen im heißen Ofen (Mitte) 30–35 Min. backen. Anschließend herausnehmen, abkühlen lassen und in Schnitten schneiden.

FÜR 20 STÜCK
15 MIN. ZUBEREITUNG
35 MIN. BACKEN

3 reife Bananen
100 ml Sojadrink + 2 EL
150 g Apfelmark
20 ml neutrales Öl
170 g Dinkelmehl (Type 630)
30 g gemahlene Mandeln
2 TL Weinstein-Backpulver
2 EL Kakaopulver

Außerdem:
Auflaufform (20 × 25 cm)

BANANEN-MÖHREN-KEKSE

AB BEIKOSTREIFE

1 Den Ofen auf 180° vorheizen und ein Backblech mit einem Bogen Backpapier auslegen.

2 Die Bananen schälen und in einer Schüssel mit einer Gabel zerdrücken. Die Möhre putzen, schälen und auf einer Vierkantreibe fein raspeln, die Raspel zum Bananenmus geben. Dann Erdnussmus, Haferflocken und Haferdrink dazugeben und alles zu einem homogenen Teig verrühren.

3 Je 1 gehäuften EL Teig abnehmen und mit etwas Abstand auf das Blech geben. Die Kekse leicht rund formen.

4 In den heißen Ofen (Mitte) schieben und ca. 12 Min. backen. Dann herausnehmen und gut auskühlen lassen.

FÜR 12 STÜCK
8 MIN. ZUBEREITUNG
12 MIN. BACKEN

2 reife Bananen
100 g Möhre
120 g Erdnussmus
50 g zarte Haferflocken
200 ml Haferdrink

NÄHRSTOFF-TIPP: Für eine Extraportion Eisen, Zink und Magnesium 2 EL Sesam zum Teig geben und unterrühren.

WAFFELN MIT BABYBREI

AB BEIKOSTREIFE

FÜR 6 STÜCK • 25 MIN. ZUBEREITUNG

2 Eier (M) • 200 ml Milch • 50 g weiche Butter + mehr fürs Waffeleisen • 120 g Apfel-Zimt-Brei (Gläschen; ersatzweise Apfelmark) • 200 g Mehl • 25 g zarte Haferflocken • ½ TL Ceylon-Zimtpulver • Waffeleisen

1 Eier, Milch und Butter in eine Schüssel geben und mit den Rührbesen des Handrührgeräts cremig rühren. Babybrei dazugeben und unterrühren. Mehl, Haferflocken und Zimt dazugeben und alles zügig zu einem homogenen Teig rühren.

2 Das Waffeleisen erhitzen, mit etwas Butter einstreichen und aus je 3 EL Teig bei mittlerer Stufe Waffeln ausbacken. Auf einem Kuchengitter abkühlen lassen.

PRAXIS-TIPP: Dieses Grundrezept kannst du auch herzhaft zubereiten. Dafür ein Gemüsebrei-Gläschen (oder auch püriertes Ofengemüse) nutzen und den Teig statt mit Zimtpulver mit 1 TL edelsüßem Paprikapulver würzen.

PANCAKES MIT GEMÜSEBREI

AB BEIKOSTREIFE

FÜR 6 STÜCK • 15 MIN. ZUBEREITUNG

120 g Gemüsebrei (Gläschen; ersatzweise püriertes Gemüse) • 50 g zarte Haferflocken • ½ TL getrocknete italienische Kräuter • 1 EL neutrales Öl

1 Gemüsebrei, Haferflocken und Kräuter in einer Schüssel zu einem Teig vermischen.

2 Das Öl in einer großen Pfanne erhitzen. Je 1 geh. EL Teig abnehmen und in die Pfanne geben, leicht platt drücken. Die Pancakes ca. 4 Min. bei kleiner bis mittlerer Hitze backen, wenden und weitere 4 Min. backen. Herausnehmen, auf Küchenpapier entfetten und abkühlen lassen, dann servieren.

PRAXIS-TIPP: Die Pancakes schmecken auch süß: Einfach Obst-Gläschen oder Obstmark verwenden und 1 Msp. gemahlene Bourbon-Vanille oder ¼ TL Ceylon-Zimtpulver ergänzen.

HAFERFLOCKEN-WRAPS

MIT AVOCADO-BOHNEN-MUS

AB BEIKOSTREIFE

1 Die Haferflocken mit 350 ml Wasser in einem Mixer zu einer flüssigen Masse pürieren. Den Teig in eine Schüssel füllen und kurz quellen lassen. Mixer ausspülen.

2 Je ½ EL Öl in zwei kleinen Pfannen erhitzen. 5 EL Teig in eine Pfanne geben und durch Schwenken zügig zu einem dünnen Wrap verteilen. Den restlichen Teig würzig mit Salz und Pfeffer abschmecken, 5 EL Teig in die zweite Pfanne geben.

3 Die Wraps bei mittlerer Hitze ca. 3 Min. backen, wenden und weitere 2 Min. backen. Herausnehmen und auf ein Kuchengitter legen. Mit dem restlichen Öl und Teig ebenso verfahren, den Teig zu insgesamt fünd Wraps backen.

4 Eine Avocado halbieren, entkernen und das Fruchtfleisch herauslösen. Die Bohnen in ein Sieb abgießen und abspülen. Den Knoblauch schälen. Avocado und Bohnen mit Zitronensaft und Knoblauch zu einem cremigen Aufstrich pürieren. 1 EL abnehmen, den Rest für die Großen kräftig mit Salz und Pfeffer würzen.

5 Die zweite Avocado halbieren, entkernen und in Spalten schneiden. Vorsichtig aus der Schale lösen.

6 Die Wraps jeweils mit der Avocadomasse bestreichen und aufrollen. Eine Rolle fürs Baby in Stücke schneiden. Die Avocadospalten dazu servieren.

FÜR 5 WRAPS
30 MIN. ZUBEREITUNG

125 g zarte Haferflocken
2 ½ EL neutrales Öl
2 Avocados
1 Dose weiße Bohnen (240 g Abtropfgewicht)
1 Knoblauchzehe
1 EL Zitronensaft

Für die Großen:
Salz
Pfeffer

PRAXIS-TIPP: Die Wraps sind auch eine tolle Pizza- oder Flammkuchenbasis. Mit Crème fraîche oder Tomatenmark bestrichen und nach Geschmack mit geraspeltem Gemüse und Käse belegt, einfach kurz im Ofen überbacken.

GRÜNE MÜSLIRIEGEL

AB PINZETTENGRIFF

FÜR 12 STÜCK
20 MIN. ZUBEREITUNG
15 MIN. BACKEN

1 EL geschrotete Leinsamen
125 g Pastinake
½ Bund Frühlingszwiebeln
½ Bund glatte Petersilie
50 g Soft-Datteln (entsteint)
75 g Kürbiskerne
125 g zarte Haferflocken
70 g geriebener Emmentaler
1 TL mildes Currypulver

1 Leinsamen in einer kleinen Schüssel mit 2 EL heißem Wasser verrühren und quellen lassen. Die Pastinake putzen, schälen und grob würfeln. Die Frühlingszwiebeln waschen, putzen und grob zerkleinern. Die Petersilie kalt abbrausen, trocken schütteln und die Blättchen abzupfen. Die Datteln grob zerkleinern.

2 Den Ofen auf 175° vorheizen und ein Backblech mit einem Bogen Backpapier auslegen.

3 Alle Zutaten, auch Haferflocken, Käse und Curry, in einen Mixer geben und in ca. 1 Min. zu einer feinstückigen, klebrigen Masse pürieren. Die Masse auf das Blech geben und mit angefeuchteten Händen auf eine Größe von ca. 20 × 21 cm drücken.

4 Im heißen Ofen (Mitte) 12–15 Min. backen. Herausnehmen und abkühlen lassen, damit der gebackene Teig fester wird. In zwölf Stücke schneiden.

PRAXIS-TIPP: Dieses Rezept kannst du ganz nach Geschmack verändern. Probier statt Pastinake Möhre, statt Petersilie Minze und statt Datteln getrocknete Berberitzen. Auch durch die Wahl des Käses kannst du den Geschmack verändern.

KINDERMÜSLI

AB PINZETTENGRIFF

1 Die Nüsse auf einem Holzbrett sehr fein hacken (oder in einem Mixer kurz pulsierend zerkleinern). Wichtig ist, dass keine größeren Stücke zurückbleiben.

2 Die zerkleinerten Nüsse mit den 5-Korn-Flocken, den Hanfsamen und dem Zimt in einer Schüssel mischen.

3 Den Backofen auf 160° vorheizen. Das Kokosöl in einer feuerfesten Schale mit in den Ofen stellen, sodass es zerläuft.

4 Das flüssige Kokosöl mit dem Obst-Gläschen zu den trockenen Zutaten geben und mit einem Löffel gut mischen. Auf einem mit Backpapier belegten Backblech verteilen und ca. 20 Min. im Ofen (Mitte) backen. Herausnehmen und auf dem Backpapier ganz auskühlen lassen. Dann mit den Händen fein zerbröseln und in einem Schraubglas aufbewahren.

FÜR 400 G
10 MIN. ZUBEREITUNG
20 MIN. BACKEN

80 g Nusskernmischung
200 g 5-Korn-Flocken-Mischung
60 g Hanfsamen
1 TL Ceylon-Zimtpulver
3 EL Kokosöl
120 g Obst-Gläschen

PRAXIS-TIPP: Müsli kannst du mit sehr viel Joghurt mischen – dann kann es dein Kind hervorragend mit den Händen essen. Ab dem 11./12. Monat wollen die meisten Babys auch schon mit Besteck experimentieren, dann füll den Löffel für das Baby und reich diesen an.

BROTAUFSTRICH TOSKANA

AB BEIKOSTREIFE

FÜR 8 PORTIONEN • 10 MIN. ZUBEREITUNG

200 g Frischkäse • 1 EL mildes Ajvar • 1 Knoblauchzehe • 2 getr. Tomaten in Öl • 30 g Pinienkerne • Schraubglas (300 ml)

1 Frischkäse und Ajvar in einer kleinen Schale glatt rühren. Den Knoblauch schälen und grob würfeln. Die Tomaten kurz abtropfen lassen, dann grob würfeln. Knoblauch, Tomaten und Pinienkerne mit dem Pürierstab fein mixen, dann den Frischkäse unterheben.

2 Den Aufstrich in ein sauberes Schraubglas füllen. Gut verschlossen ist er 3 Tage im Kühlschrank haltbar.

3 Der Aufstrich schmeckt nicht nur klassisch auf Brot, er verfeinert auch deftige Waffeln und Pancakes.

TIPP: Gemüse deiner Wahl in der Pfanne anbraten und mit 2–3 EL Aufstrich sowie 50 ml Gemüsebrühe zu einer feinen Sauce anrühren.

FÜR DIE GROSSEN: Du kannst den Aufstrich auf zwei kleine Schraubgläser aufteilen und eine Portion mit Salz und Pfeffer würzen.

LINSEN-CURRY-AUFSTRICH

AB BEIKOSTREIFE

FÜR 8 PORTIONEN • 20 MIN. ZUBEREITUNG

1 kleine Zwiebel • 100 g rote Linsen • 1 TL mildes Currypulver • 2 EL neutrales Öl • 1 Schraubglas (300 ml)

1 Die Zwiebel schälen und grob würfeln. Zusammen mit den Linsen, 180 ml Wasser sowie Currypulver in einen kleinen Topf geben und einmal aufkochen. Zugedeckt bei kleiner Hitze in ca. 15 Min. garen. Dann alles fein pürieren und mit dem Öl glatt rühren.

2 Den Aufstrich in ein sauberes Schraubglas füllen. Gut verschlossen ist er im Kühlschrank bis zu 3 Tage haltbar.

TIPP: Der Aufstrich schmeckt besonders auf Brot sehr gut. Das ist auch nährstofftechnisch eine gute Kombi: Die Aminosäuren von Vollkornbrot und Linsen ergänzen sich optimal.

M
E
K

HIMBEER-KÄSE-KUCHEN-SCHNITTEN

AB BEIKOSTREIFE

1 Den Backofen auf 180° vorheizen. Die Banane in einer tiefen Schüssel mit einer Gabel sehr fein zerdrücken. Ein Ei sowie die Milch untermischen. Mehl, Backpulver und Kakaopulver zügig unterrühren. Eine Auflaufform gut einfetten und den Teig einfüllen.

2 Die Zitrone heiß waschen und abtrocknen, 1 TL Schale fein abreiben. Frischkäse, das restliche Ei sowie Stärke, Zitronenschalenabrieb und Vanille mit einem Schneebesen glatt rühren. Die Masse auf dem dunklen Teig verteilen. Die Himbeeren darauf verteilen. Den Kuchen im heißen Ofen (Mitte) ca. 25 Min. backen. Herausnehmen, gut abkühlen lassen und in Schnitten schneiden.

FÜR 8 STÜCK
20 MIN. ZUBEREITUNG
25 MIN. BACKEN

1 reife Banane
2 Eier (M)
100 ml Milch
100 g Mehl
1 TL Weinstein-Backpulver
10 g Kakaopulver
1 Bio-Zitrone
100 g Frischkäse
30 g Speisestärke
1 Msp. gemahlene Bourbon-Vanille
2 Handvoll TK-Himbeeren

Außerdem:
Auflaufform 20 × 25 cm
Öl für die Form

GRÜNER SMOOTHIE

AB BEIKOSTREIFE

FÜR 3 GLÄSER (À 200 ML) • 10 MIN. ZUBEREITUNG

50 g Grünkohl (ersatzweise Blattspinat) • 1 Apfel • 1 Orange • 1 Mango • 1 EL Mandelmus • 120 ml Haferdrink • 2 EL zarte Haferflocken

1 Den Grünkohl waschen, putzen und den dicken Strunk der Blätter herausschneiden. Den Grünkohl grob zerkleinern.

2 Den Apfel waschen, vierteln und das Kerngehäuse entfernen. Die Orange schälen und achteln. Die Mango schälen, das Fruchtfleisch vom Kern schneiden und in ca. 2 cm große Würfel schneiden.

3 Grünkohl, Apfel, Orange und Mango, Mandelmus, Haferdrink und Haferflocken in einen Mixer (oder Smoothiemaker) geben und in ca. 2 Min. zu einem cremigen Smoothie pürieren. Falls nötig, etwas Wasser ergänzen.

MEAL-PREP-TIPP: Bereite größere Mengen von Grünkohl und Obst vor und friere deine Smoothiemischung in einer Tüte oder Box ein. Über Nacht im Kühlschrank aufgetaut oder mit warmer Flüssigkeit zubereitet, hast du so blitzschnell am Morgen einen frischen Smoothie.

PRAXIS-TIPP: Außerhalb der Grünkohlsaison kannst du auch auf Blattspinat oder Blattsalat zurückgreifen.

GRIESSSTERNE

AB BEIKOSTREIFE

FÜR CA. 12 STÜCK • 30 MIN. ZUBEREITUNG

210 ml Milch • 100 g Dinkelgrieß • 80 g gemahlene Mandeln • ½ TL Ceylon-Zimtpulver • 1 EL Butter • sternförmiger Plätzchenausstecher

1 Die Milch in einem kleinen Topf erhitzen. Kurz bevor sie kocht, den Grieß einrieseln lassen und den Herd ausschalten. Den Grieß unter ständigem Rühren quellen lassen, bis er sich schwer rühren lässt.

2 Die Masse auf ein Backpapier geben und mit einer angefeuchteten Palette 1 cm hoch ausstreichen.

3 Die Mandeln in einen flachen Teller geben, mit dem Zimt mischen.

4 Aus dem Grieß mit einem Ausstecher Sterne ausstechen. Die Butter in einer großen Pfanne zerlassen. Die Sterne vorsichtig in den Mandeln wenden, dann von jeder Seite ca. 4 Min. in der Butter ausbacken.

EXPRESS-TIPP: Die Grieß schmeckt auch in 2 × 5 cm große Riegel geschnitten. Noch einfacher geht es, wenn du die Masse schon am Abend vorher oder einige Stunden vorher zubereitest, so härtet der Grieß etwas mehr aus.

BAKED OATMEAL MUFFINS

AB BEIKOSTREIFE

1 Die Blaubeeren verlesen, waschen und fein pürieren. Mit den Chia-Samen glatt rühren und 10 Min. quellen lassen.

2 Die Bananen schälen und mit einer Gabel sehr fein zerdrücken. Eier sowie Milch zu den Bananen geben und alles gut mit den Rührbesen des Handrührgeräts mischen. Haferflocken und Backpulver zugeben und alles mischen.

3 Den Backofen auf 180° vorheizen und ein Muffinblech mit den Papierförmchen auslegen. Jeweils 1 gehäuften EL Teig pro Mulde einfüllen, dann ½ TL Erdnussbutter und 1 TL Blaubeermasse daraufgeben. Wenn noch Teig übrig ist, diesen auf der Füllung verteilen. Die Muffins im heißen Ofen (Mitte) ca. 30 Min. backen, herausnehmen und abkühlen lassen.

FÜR 12 STÜCK
15 MIN. ZUBEREITUNG
30 MIN. BACKEN

125 g Blaubeeren
3 EL Chia-Samen
2 reife Bananen
3 Eier (M)
250 ml Milch (ersatzweise Pflanzendrink)
300 g zarte Haferflocken
1 TL Weinstein-Backpulver
6 TL Erdnussbutter

Außerdem:
12er-Muffinblech
12 Papier-Muffinförmchen

ZUCCHINI-KAKAO-PANCAKES

AB BEIKOSTREIFE

1 Den Zucchinio waschen, putzen und auf der Vierkantreibe fein raspeln. Die Raspel in ein Sieb geben.

2 Mehl, Backpulver, Natron, Kakao und Zimt in einer Schüssel vermengen. Sojadrink mit Ei und Öl separat mit den Rührbesen des Handrührgeräts gut mischen.

3 Die Zucchiniraspel mit den Händen sehr gut ausdrücken, dann mit den trockenen Zutaten mit einem Holzlöffel zügig unter die flüssigen Zutaten rühren.

4 Etwas Öl in einer großen Pfanne erhitzen. Vier Portionen à 1,5 EL Teig in die Pfanne geben. Die Pancakes bei mittlerer Hitze ca. 4 Min. backen, bis der Teig an den Rändern fest wird. Dann wenden und auf der zweiten Seite ebenfalls ca. 4 Min. backen. Herausnehmen und etwas abkühlen lassen. Den restlichen Teig ebenso zu Pancakes backen.

FÜR 2 ERWACHSENE UND 1 BABY
30 MIN. ZUBEREITUNG

1 kleiner Zucchino
190 g Mehl
½ TL Weinstein-Backpulver
½ TL Natron
2 EL Kakaopulver
1 TL Ceylon-Zimtpulver
250 ml Sojadrink
1 Ei (M)
2 EL neutrales Öl + mehr zum Braten

GEBACKENE APFELHÄLFTEN

AB PINZETTENGRIFF

1 Die Äpfel waschen, die fürs Baby schälen. Alle Äpfel halbieren und entkernen. Mit der Schnittfläche nach oben in eine Auflaufform legen. Den Backofen auf 200° vorheizen.

2 In einem hohen Mixbecher Rosinen, Nussmus, Zimt und Pflanzendrink fein pürieren. Die Masse auf den Äpfeln verteilen. Die Äpfel im heißen Ofen (Mitte) ca. 20 Min. backen; fürs Baby noch wenige Minuten länger, sie sollten schön weich sein.

3 Die Zitrone heiß waschen und abtrocknen, 1 TL Schale fein abreiben. Den Joghurt mit Vanille und Zitronenschale glatt rühren und mit den Äpfeln servieren. Die Äpfel fürs Baby in Spalten schneiden und vor dem Servieren gut auskühlen lassen.

FÜR 8 STÜCK
20 MIN. ZUBEREITUNG
20 MIN. BACKEN

4 große Äpfel (z. B. Boskop)
30 g Rosinen
3 EL Nussmus
½ TL Ceylon-Zimtpulver
50 ml Pflanzendrink
½ Bio-Zitrone
100 g Naturjoghurt
1 Msp. gemahlene Bourbon-Vanille

Außerdem:
Auflaufform (20 × 25 cm)

ZUCCHINIBRÖTCHEN

AB PINZETTENGRIFF

FÜR 10 STÜCK
20 MIN. ZUBEREITUNG
28 MIN. BACKEN

50 g Zucchini
50 g TK-Erbsen
50 g geriebener Mozzarella
200 g Quark
50 ml Olivenöl
275 g Vollkorn-Dinkelmehl
50 g zarte Haferflocken
2 TL Weinstein-Backpulver
1 TL mildes Currypulver

Für die Großen:
Salz

1 Die Zucchini waschen, putzen und auf einer Vierkantreibe fein raspeln. Zucchiniraspel in ein Küchenhandtuch geben und kräftig auswringen, dann mit Erbsen und Käse in eine Schüssel geben. 50 ml Wasser, Quark und Öl dazugeben und alles vermischen.

2 Den Backofen auf 180° vorheizen und ein Backblech mit einem Bogen Backpapier auslegen.

3 In einer zweiten Schüssel Mehl, Haferflocken, Backpulver und Curry mischen. Die feuchten Zutaten dazugeben und alles mit den Knethaken des Handrührgeräts glatt kneten.

4 Mit einem angefeuchteten Esslöffel insgesamt zehn Portionen vom Teig abnehmen und mit leicht angefeuchteten Händen zu runden Brötchen formen. Mit wenig Abstand auf das Blech setzen. Den Teig für die Erwachsenen vorher salzen.

5 Die Brötchen im heißen Ofen (Mitte) 25–28 Min. backen, herausnehmen und vor dem Servieren gut abkühlen lassen.

RÜHRTOFU MIT VOLLKORNBROT

AB BEIKOSTREIFE

1 Die Zwiebel schälen und fein würfeln. Das Öl in einer Pfanne erhitzen und die Zwiebel darin bei mittlerer Hitze ca. 4 Min. anschwitzen. Den Tofu mit den Händen fest ausdrücken, anschließend fein in die Pfanne bröseln und ca. 5 Min. anbraten. Kurkuma darüber stäuben, alles mit Sojadrink ablöschen, verrühren und bei kleiner Hitze ca. 5 Min. ziehen lassen.

2 Inzwischen die Tomaten waschen und vierteln. Den Mais in einem Sieb abspülen und abtropfen lassen. Den Schnittlauch waschen, trocken schütteln und in feine Röllchen schneiden. Alles unter den Tofu rühren. Eine Portion fürs Baby abnehmen, den Rest mit Kala Namak und Pfeffer würzen.

3 Eine Scheibe Brot für das Baby in Streifen schneiden. Die restlichen Scheiben für die Großen im Ganzen dazu servieren.

FÜR 2 ERWACHSENE UND 1 BABY
25 MIN. ZUBEREITUNG

1 Zwiebel
2 EL Olivenöl
200 g Naturtofu
1 TL gemahlene Kurkuma
70 ml Sojadrink
60 g Kirschtomaten
1 kleine Dose Mais (140 g Abtropfgewicht)
½ Bund Schnittlauch
5 Scheiben Vollkornbrot

Für die Großen:
¾ TL Kala Namak (Schwarzsalz)
Pfeffer

EXPRESS-TIPP: Die Zeit und Tränen fürs Zwiebelschneiden kannst du dir sparen, indem du dir einen kleinen Vorrat für den Tiefkühler anlegst. Die gewürfelten Zwiebeln – und auch Knoblauch – findest du im Supermarkt bei den TK-Kräutern.

PRAXIS-TIPP: Kala Namak hat einen schwefeligen Geruch und verleiht dem Gericht den typischen Eigeschmack. Da das Würzmittel hauptsächlich aus Natriumchlorid (Salz) besteht, kannst du für die Babyportion darauf verzichten.

MITTAGESSEN

A
W
N

ONE-SHEET-SPÄTZLE

AB BEIKOSTREIFE

FÜR 2 ERWACHSENE UND 1 BABY
10 MIN. ZUBEREITUNG
30 MIN. BACKEN

400 g Spätzle (Kühlregal)
250 g TK-Kürbiswürfel
200 g Sahne
1 rote Zwiebel
70 g geriebener Bergkäse

Für die Großen:
Salz
Pfeffer

Außerdem:
Auflaufform (20 x 30 cm)

1 Den Backofen auf 180° vorheizen. Die Spätzle in eine große Auflaufform füllen. Die Kürbiswürfel dazugeben und mit Sahne übergießen. Zwei Drittel des Auflaufs für die Großen mit Salz und Pfeffer würzen.

2 Die Zwiebel schälen und in sehr feine Halbringe schneiden. Den Auflauf mit Käse bestreuen und die Zwiebelringe über den gewürzten Teil des Auflaufs verteilen. Dann den Auflauf für ca. 25 Min. im heißen Ofen (Mitte) backen, am Ende ggf. noch 3–5 Min. unter dem Grill etwas bräunen. Vor dem Servieren etwas abkühlen lassen.

PRAXIS-TIPP: Das Baby kann die kleinen Kürbiswürfel zwar noch nicht greifen, sie mischen sich aber gut mit den Spätzle und landen so auch im Mund. Wenn du mehr Zeit hast, kannst du den Kürbis selbst schneiden, am besten in sehr dünne und feine Spalten. Dann die Backzeit auf ca. 35 Min. erhöhen.

COUSCOUSBÄLLCHEN

AB PINZETTENGRIFF

FÜR 20 STÜCK • 30 MIN. ZUBEREITUNG

175 g Couscous • 1 EL salzfreie Gemüsebrühe (Instant) • 1 Möhre • 1 Knoblauchzehe • ½ Bund Koriandergrün (ersatzweise glatte Petersilie) • 3 EL Rosinen • 2 Eier (L) • 30 g gemahlene Mandeln + 2 EL • 80 g Frischkäse • 1 EL Mehl • 1 TL mildes Currypulver • 6 EL neutrales Öl • 50 g Panko (asiat. Semmelbrösel, ersatzweise Semmelbrösel) • Salz • Pfeffer

1 175 ml Wasser im Wasserkocher zum Kochen bringen. Das Couscous in einem Sieb kalt abbrausen und in eine Schüssel geben. Gemüsebrühpulver untermischen. Das kochende Wasser dazugießen, alles einmal verrühren und 10 Min. quellen lassen.

2 Inzwischen die Möhre putzen, schälen und fein reiben. Den Knoblauch schälen und in die Schüssel pressen. Den Koriander kalt abbrausen, trocken schütteln, die Blättchen abzupfen und fein hacken. Die Rosinen fein hacken. 1 Ei, 30 g Mandeln, Frischkäse, Rosinen, Koriander und Möhre zum Couscous geben und alles sehr gut vermischen. 1 EL Mehl und das Currypulver unterkneten.

3 Aus je 1 gehäuftem EL Masse 20 golfballgroße Bällchen formen. Das restliche Ei in einem tiefen Teller verquirlen. Die restlichen 2 EL Mandeln auf einen Teller geben.

4 3 EL Öl in einer großen Pfanne erhitzen. Die Bällchen erst in den Mandeln, dann im Ei, abschließend in den Bröseln wenden. Jetzt im heißen Öl bei mittlerer Hitze rundherum ca. 10 Min. braten. Dabei nach dem ersten Wenden die restlichen 3 EL Öl dazugeben. Auf einem Teller mit Küchenpapier entfetten und etwas abkühlen lassen.

LACHSFILET MIT AVOCADO-REIS

AB PINZETTENGRIFF

FÜR 2 ERWACHSENE UND 1 BABY • 30 MIN. ZUBEREITUNG

2 EL neutrales Öl • 450 g Lachsfilet • 2 EL Zitronensaft • 1 Avocado • 400 g gegarter Basmati-Reis • Salz • Pfeffer • Chiliflocken

1 Das Öl in einer großen Pfanne erhitzen und das Lachsfilet darin bei mittlerer Hitze ca. 4 Min. anbraten, wenden und je nach Dicke der Filets weitere 4–6 Min. bei mittlerer bis kleiner Hitze garen lassen (den Lachs fürs Baby sehr gut durchgaren, für die Erwachsenen schon vorher aus der Pfanne nehmen). Mit 1 EL Zitronensaft beträufeln. Die Filets für die Erwachsenen mit Salz und Pfeffer würzen.

2 Die Avocado halbieren, den Kern entfernen und das Fruchtfleisch in der Schale in kleine Würfel schneiden. Mit einem Esslöffel herauslösen und zum Reis geben. Den restlichen EL Zitronensaft dazugeben und alles mischen. 1 gehäuften EL Masse abnehmen und mit angefeuchteten Händen zu einem Bällchen formen. Weitere 2–3 Bällchen fürs Baby formen. Den Rest der Masse kräftig mit Chili, Salz und Pfeffer abschmecken und für die Erwachsenen zum Lachsfilet servieren.

PRAXIS-TIPP: Falls du keinen gegarten Reis vom Vortag übrig hast, koch einfach 125 g Basmati-Reis in Wasser und lass ihn kurz abkühlen.

KARTOFFELMUFFINS MIT SCHWEINELENDE

AB BEIKOSTREIFE

1 Den Ofen auf 200° vorheizen. Die Mulden des Muffinblechs mit etwas Öl auspinseln.

2 Die Kartoffeln schälen, putzen und in dünne Scheiben schneiden. Kohlrabi schälen und in dünne Scheiben schneiden, diese evtl. vierteln. Kartoffeln und Kohlrabi in einer großen Schüssel mit Deckel mit Öl, Parmesan, Thymian und Paprikapulver mischen. Die Schüssel verschließen und alles kräftig durchschütteln, sodass alle Kartoffeln mariniert sind.

3 Die Kartoffel- und Kohlrabischeiben übereinander in die Muffinmulden einschichten.

4 Die Schweinelende säubern. Ein ca. 4 cm breites Stück abschneiden. Das große Stück mit Senf einreiben. Etwas Olivenöl in einer großen Pfanne erhitzen und das Fleisch darin rundherum kurz scharf anbraten. Das große Stück kräftig mit Salz und Pfeffer würzen. Beide Stücke mit Rosmarin würzen, in Alufolie wickeln und in eine kleine Auflaufform legen.

5 Muffinblech und Auflaufform in den heißen Ofen (Mitte) schieben, das Muffinblech mit Backpapier abdecken. Beides ca. 25 Min. backen, dann die Lende herausnehmen. Die Muffins noch ca. 5 Min. ohne Papier weiterbacken.

6 Das kleine Stück Fleisch für das Baby in Streifen schneiden. Den Muffin fürs Baby vor dem Servieren gut abkühlen lassen.

FÜR 2 ERWACHSENE UND 1 BABY
30 MIN. ZUBEREITUNG
25 MIN. BACKEN

300 g mittelgroße festkochende Kartoffeln
100 g Kohlrabi
2 EL Olivenöl
50 g Parmesan
1 TL getrockneter Thymian
1 TL edelsüßes Paprikapulver
400 g Schweinelende (schlankes Stück)
1 TL Senf
2 TL getrockneter Rosmarin

Für die Großen:
Salz
Pfeffer

Außerdem:
6er-Muffinblech
Öl für die Form
Alufolie
Auflaufform

BREIFREI-TIPP: Das Schweinefleisch kann das Baby ausgenuckeln.

KICHERERBSEN-TOFU-NUGGETS

AB BEIKOSTREIFE

1 Den Backofen auf 200° vorheizen. Ein Backblech mit Backpapier auslegen, das Backpapier mit 1 EL Öl einpinseln.

2 Den Tofu mit den Händen leicht auspressen. Die Kichererbsen in ein Sieb abgießen, abspülen und abtropfen lassen. Tofu und Kichererbsen mit einem Pürierstab (oder im Hochleistungsmixer) stückig pürieren. Speisestärke und Paniermehl unterheben. 4 geh. EL der Masse abnehmen und mit Paprikapulver würzen. Den Rest mit Brathähnchengewürz würzig abschmecken.

3 Aus je 1 gehäuften EL der Masse mit leicht angefeuchteten Händen längliche Nuggets formen. Mit wenig Abstand auf das Blech legen und mit dem restlichen Öl bepinseln.

4 Die Nuggets im heißen Ofen (Mitte) ca. 20 Min. backen, wenden und weitere 8–10 Min. backen, bis sie goldbraun werden. Herausnehmen und etwas abgekühlt servieren.

FÜR 20 STÜCK
10 MIN. ZUBEREITUNG
30 MIN. BACKEN

2 EL neutrales Öl
200 g Naturtofu
1 Dose Kichererbsen (265 g Abtropfgewicht)
2 EL Speisestärke
50 g Paniermehl
¼ TL edelsüßes Paprikapulver
Brathähnchengewürz

PRAXIS-TIPP: Dazu passt in Öl mariniertes Ofengemüse wie Süßkartoffeln und Paprika, die du mit den Nuggets im Ofen garen lässt. Nutze am besten Umluft und reduziere die Temperatur auf 190°.

LINSENPFANN-KUCHEN

AB BEIKOSTREIFE

1 Die Zwiebel schälen, die Möhre putzen und schälen, die Zucchini waschen und putzen. Alles in grobe Stücke schneiden. Den Knoblauch schälen. Die Linsen in einem Sieb abspülen.

2 Gemüse, Linsen und Oregano mit 250 ml Wasser in einen Mixer geben und zu einer feinen Masse pürieren.

3 Das Öl in zwei großen Pfannen erhitzen. Den Teig esslöffelweise nebeneinander in die Pfannen geben und etwas verstreichen. Die Pfannkuchen bei mittlerer Hitze ca. 6 Min. backen, wenden und weitere 5 Min. backen lassen. Dann herausnehmen und etwas abgekühlt servieren.

FÜR 12 STÜCK
30 MIN. ZUBEREITUNG

1 Zwiebel
1 große Möhre
1 kleine Zucchini
1 Knoblauchzehe
250 g rote Linsen
½ TL getrockneter Oregano
3 EL neutrales Öl

EXPRESS-TIPP: Statt mehrere kleiner Pfannkuchen kannst du auch pfannengroße ausbacken.

MEAL-PREP-TIPP: Die Pfannkuchen schmecken auch kalt oder lassen sich im Toaster kurz aufwärmen. Wer größere Mengen zubereitet, kann sie problemlos tiefkühlen und mit der Auftaufunktion des Toasters aufbacken.

ONE PAN BOLOGNESE

AB BEIKOSTREIFE

1 Den Lauch waschen, putzen und in feine Ringe schneiden. Sellerie und Möhren putzen, schälen und sehr fein würfeln. Die Petersilie kalt abbrausen und trocken schütteln, die Blättchen abzupfen und sehr fein hacken.

2 Das Öl in einer hohen Pfanne erhitzen und das Hackfleisch darin 4 Min. bei hoher Hitze anbraten. Mit Paprikapulver bestäuben. Lauch, Sellerie und Möhren dazugeben und alles für ca. 5 Min. bei mittlerer Hitze anbraten. Mit Sojasauce und Tomaten ablöschen. 200 ml Wasser dazugießen, alles verrühren und einmal aufkochen lassen. Kräuter, Petersilie und Nudeln dazugeben, verrühren und zugedeckt bei kleiner Hitze ca. 16 Min. köcheln lassen, bis die Nudeln weich sind.

3 Die Portion fürs Baby vor dem Servieren auskühlen lassen. Für die Erwachsenen kräftig mit Salz und Pfeffer abschmecken.

FÜR 2 ERWACHSENE UND 1 BABY
30 MIN. ZUBEREITUNG

1 Bund Suppengemüse
2 EL Olivenöl
400 g Hackfleisch
1 TL edelsüßes Paprikapulver
1 EL Sojasauce
800 g gehackte Tomaten (Dose)
1 TL getrocknete italienische Kräuter
250 g Fusilli

Für die Großen:
Salz
Pfeffer

FÜR DIE GROSSEN: Dazu passt ein Kopfsalat mit Essig-Öl-Dressing.

EXPRESS-TIPP: Wenn es schnell gehen soll, kannst du einfach auf TK-Suppengemüse zurückgreifen. Auch vorgekochte Nudeln verkürzen die Zubereitungszeit sehr.

MAISSCHNITZEL MIT BROKKOLI

AB BEIKOSTREIFE

FÜR 2 ERWACHSENE UND 1 BABY
25 MIN. ZUBEREITUNG
30 MIN. BACKEN

2 EL neutrales Öl
½ Bund glatte Petersilie
1 Dose Mais (285 g Abtropfgewicht)
200 g fester Naturtofu
1 kleine rote Paprika
50 g Mehl
25 g zarte Haferflocken
1 TL mildes Currypulver
1 TL edelsüßes Paprikapulver
40 g Paniermehl
400 g Brokkoli
2 EL Erdnussmus

Für die Großen:
Salz
Pfeffer

1 Den Ofen auf 180° vorheizen. Ein Blech mit Backpapier auslegen und mit 1 EL Öl einpinseln.

2 Die Petersilie kalt abbrausen und trocken schütteln. Ein paar Blättchen für die Deko fein hacken. Den Mais in ein Sieb abgießen und abtropfen lassen. Den Tofu mit den Händen leicht auspressen und in grobe Stücke brechen. Die restliche Petersilie mit Mais und Tofu in einem Mixer zu einer homogenen Masse pürieren. Die Paprika waschen, halbieren, weiße Trennwände und Kerne entfernen und das Fruchtfleisch klein würfeln. Mehl, Haferflocken, Curry- und Paprikapulver und Paprika zur Mais-Tofu-Masse geben und alles durchmischen.

3 Das Paniermehl auf einen Teller geben. Mit angefeuchteten Händen aus ca. 1 gehäuftem EL Maismasse zwei handtellergroße Schnitzel fürs Baby formen. Den Rest der Masse kräftig mit Salz und Pfeffer abschmecken und acht weitere Schnitzel ausformen, mit sanftem Druck vorsichtig im Paniermehl wenden und dicht nebeneinander aufs Blech legen. Die Schnitzel mit dem restlichen EL Öl einpinseln.

4 Die Schnitzel im heißen Ofen (Mitte) ca. 25 Min. backen. Vorsichtig wenden und weitere 5 Min. backen.

5 Inzwischen den Brokkoli waschen, putzen und in mundgerechte Röschen teilen. Mit etwas Wasser in einem Topf aufkochen und in ca. 3 Min. weich garen. Das Erdnussmus mit 50–70 ml Wasser zu einer dickflüssigen Sauce rühren. 1 EL fürs Baby abnehmen, den Rest mit Salz und Pfeffer abschmecken. Das Schnitzel fürs Baby in Streifen schneiden, abgekühlt mit Brokkoli und Erdnusssauce servieren.

MEAL-PREP-TIPP: Du kannst die Schnitzelmasse gut vorbereiten und luftdicht verschlossen bis zu 3 Tage im Kühlschrank aufbewahren.

PRAXIS-TIPP: Statt der Schnitzel kannst du auch Stangen fürs Baby formen. Ausgekühlt lassen sie sich gut portionsweise einfrieren und bei Raumtemperatur auftauen.

NÄHRSTOFFREICHE ONE-POT-PASTA

AB BEIKOSTREIFE

FÜR 2 ERWACHSENE UND 1 BABY
25 MIN. ZUBEREITUNG

1 Zwiebel
250 g Lachsfilet
2 EL Olivenöl
300 g Spirelli
300 ml salzfreie Gemüsebrühe
1 Glas weiße Bohnen (240 g Abtropfgewicht)
200 g Sahne
½ Bund Dill
1 TL mittelscharfer Senf

Für die Großen:
Salz
Pfeffer

1 Die Zwiebel schälen und sehr fein würfeln. Den Lachs in 1,5 cm große Stücke schneiden. Das Öl in einem großen Topf erhitzen und beides darin ca. 4 Min. bei mittlerer Hitze anbraten. Nudeln zugeben und mit Gemüsebrühe auffüllen. Einmal unter Rühren aufkochen, dann bei kleiner Hitze in ca. 10 Min. garen.

2 Inzwischen die Bohnen abgießen, gut abspülen und in einem hohen Rührbecher mit Sahne pürieren. Diese Mischung nach ca. 5 Min. Kochzeit zugeben. Alles bei kleiner Hitze unter regelmäßigem Rühren garen, bis die Nudeln weich sind.

3 Den Dill abbrausen, trocken schütteln und sehr fein hacken. Zusammen mit dem Senf unter die Nudeln rühren. Die Portion fürs Baby entnehmen und etwas abkühlen lassen. Den Rest für die Großen mit Salz und Pfeffer würzen.

EXPRESS-TIPP: Die Spirelli sollten eine Kochzeit von 7–8 Min. haben (Packungsangabe beachten).

HÄHNCHENBRUST MIT PASTA

AB BEIKOSTREIFE

1 Die Zwiebel und den Knoblauch schälen und fein würfeln. Die Tomaten waschen, halbieren, den Strunk entfernen und das Fruchtfleisch würfeln.

2 In einem Topf reichlich Wasser zum Kochen bringen, die Nudeln darin nach Packungsangabe garen. Anschließend in ein Sieb abgießen, dabei ca. 100 ml Nudelwasser auffangen. Die Nudeln bis zum Servieren warm halten.

3 Das Öl in einer Pfanne erhitzen und das Fleisch darin 2–3 Min. pro Seite scharf anbraten. Zwiebel und Knoblauch dazugeben und bei mittlerer Hitze ca. 3 Min. mitbraten. Tomatenmark dazugeben, kurz anrösten und alles mit dem Nudelwasser ablöschen. Den Frischkäse und die Gewürze unterrühren und alles ca. 5 Min. köcheln lassen, bis das Fleisch gar ist.

4 Für das Baby etwas Fleisch in Streifen schneiden und mit den Nudeln servieren. Den Rest für die Großen vor dem Servieren kräftig mit Salz und Pfeffer abschmecken.

FÜR 2 ERWACHSENE
UND 1 BABY
25 MIN. ZUBEREITUNG

1 Zwiebel
1 Knoblauchzehe
2 große Tomaten
250 g rote Linsenpasta
2 EL neutrales Öl
450 g Hähnchenbrustfilet
1 EL Tomatenmark
200 g Frischkäse
¼ TL getrockneter Majoran
½ TL getrockneter Thymian

Für die Großen:
Salz
Pfeffer

PRAXIS-TIPP: Wer möchte, bereitet die doppelte Menge zu und verarbeitet eine Portion wie folgt weiter: Das Fleisch in Streifen schneiden, mit Nudeln und Sauce in eine Auflaufform geben. Mit 80 g geriebenem Käse bestreuen und im Ofen bei 220° ca. 10 Min. gratinieren. Der fertige Auflauf hält sich ca. 2 Tage im Kühlschrank und ist superschnell aufgewärmt.

SPAGHETTIMUFFINS

AB PINZETTENGRIFF

1 1,5 l Wasser im Wasserkocher zum Kochen bringen. In einen Topf geben und die Spaghetti darin nach Packungsangabe garen. In ein Sieb abgießen und abtropfen lassen.

2 Den Backofen auf 200° vorheizen und das Muffinblech mit Förmchen auslegen (alternativ eine Silikonform kalt ausspülen).

3 Den Knoblauch schälen und fein würfeln. Die Paprika waschen, halbieren, weiße Trennwände und Kerne entfernen, das Fruchtfleisch fein würfeln.

4 Eier, Milch, Käse, Paprikapulver und Kräuter in einer großen Schüssel mischen. Knoblauch und Paprika dazugeben und alles vermischen. Spaghetti dazugeben und alles gut vermischen. Ein bis zwei Muffinmulden fürs Baby befüllen. Den Rest der Masse kräftig mit Salz, Pfeffer und Chili würzen und gleichmäßig in die Muffinförmchen verteilen.

5 Im heißen Ofen (Mitte) ca. 18 Min. backen. Dann herausnehmen und vor dem Servieren etwas abkühlen lassen.

FÜR 6 STÜCK
15 MIN. ZUBEREITUNG
18 MIN. BACKEN

125 g Vollkorn-Spaghetti
1 Knoblauchzehe
½ rote Paprika
2 Eier (M)
75 ml Milch
80 g geriebener Pizzakäse
½ TL edelsüßes Paprikapulver
½ TL getrocknete italienische Kräuter

Für die Großen:
Salz
Pfeffer
Chiliflocken

Außerdem:
6er-Muffinblech
6 Papier-Muffinförmchen

MEAL-PREP-TIPP: Dieses Rezept ist die perfekte Resteverwertung – oder du kochst »absichtlich« mehr Nudeln mit, wenn es sie ohnehin geben soll.

EXPRESS-TIPP: Wasser zuerst im Wasserkocher zu erhitzen, ist besonders zeitsparend – auf dem Herd dauert es wesentlich länger. Energiesparend ist es übrigens auch noch!

LACHSBÄLLCHEN MIT POMMES

AB BEIKOSTREIFE

1 Den Backofen auf 180° (Umluft) vorheizen. Zwei Backbleche mit Backpapier auslegen.

2 Die Kartoffeln waschen und in 1,5 × 7 cm große Sticks schneiden. Sellerie putzen, schälen und ebenfalls in Sticks schneiden. Kartoffeln und Sellerie in einer Schüssel mit Öl, Rosmarin und Paprikapulver mischen. Auf einem Blech verteilen und drei Viertel für die Großen mit Salz würzen.

3 Das Gemüse putzen, waschen, in grobe Stücke schneiden und mit Lachs und Tomatenmark in einem Mixer zu einer feinstückigen Masse pürieren. Semmelbrösel unterheben. Je 1 gehäuften EL der Masse auf das Blech geben und leicht rund formen. Nach 2–3 Bällchen fürs Baby den Rest der Masse mit Salz und Pfeffer würzen. Insgesamt 15 Bällchen formen.

4 Beide Bleche im heißen Ofen 25–30 Min. backen. Dabei die Gemüsepommes nach ca. 15 Min. wenden. Dann herausnehmen und vor dem Servieren kurz abkühlen lassen.

FÜR 2 ERWACHSENE UND 1 BABY
30 MIN. ZUBEREITUNG
30 MIN. BACKEN

300 g festkochende Bio-Kartoffeln
100 g Sellerie
2 EL neutrales Öl
1 TL getrockneter Rosmarin
1 TL edelsüßes Paprikapulver
400 g Gemüse (z. B. Zucchini, Lauch und Champignons)
400 g Lachsfilet
1 EL Tomatenmark
3 EL Semmelbrösel

Außerdem:
Salz
Pfeffer

EXPRESS-TIPP: Wenn du dir einige Minuten Zubereitungszeit sparen möchtest, dann greif auf TK-Lachs und -Gemüsewürfel zurück. Du kannst sie über Nacht im Kühlschrank auftauen lassen.

WIKINGERTOPF

AB BEIKOSTREIFE

1 Die Kartoffeln schälen, der Länge nach vierteln und in reichlich Wasser zugedeckt in ca. 20 Min. garen. Dann abgießen und in Spalten schneiden.

2 Inzwischen die Zwiebel hauchfein würfeln. Zwiebel und Hackfleisch mit etwas Muskatnuss mischen, vier fingerdicke Frikadellen für das Baby formen. Die Rest mit Salz und Pfeffer würzen und ca. zwölf walnussgroße Hackbällchen formen.

3 Das Öl in einer großen Pfanne erhitzen und die Hackbällchen und -stangen darin bei großer Hitze rundherum anbraten, bis das Fleisch gebräunt ist. Erbsen und Möhren dazugeben und alles weitere 5 Min. bei mittlerer Hitze garen. Mit Sahne ablöschen und diese ca. 2 Min. einkochen lassen.

4 Die Petersilie abbrausen, trocken schütteln und fein hacken. Die Baby-Hackstangen sowie einige Möhren (und ab Pinzettengriff einige Erbsen) entnehmen und mit ein paar Kartoffelspalten portionieren. Den Wikingertopf für die Großen mit Salz und Pfeffer nachwürzen und mit Petersilie bestreut servieren.

FÜR 2 ERWACHSENE
UND 1 BABY
30 MIN. ZUBEREITUNG

600 g festkochende Kartoffeln
½ Zwiebel
250 g gemischtes Hackfleisch
1 Prise frisch geriebene Muskatnuss
2 EL Bratöl
250 g TK-Erbsen (aufgetaut)
250 g TK-Fingermöhren (aufgetaut)
200 g Sahne
½ Bund Petersilie

Für die Großen:
Salz
Pfeffer

ASIATISCHES HÜHNERFRIKASSEE

AB BEIKOSTREIFE

1 Den Reis waschen und nach Packungsangabe garen.

2 Hähnchenfilet und Gemüsebrühe in einen Topf geben. Die Zwiebel schälen, sehr fein würfeln und zugeben. Alles langsam aufkochen und zugedeckt bei kleiner Hitze in ca. 15 Min. garen.

3 Inzwischen die Maiskölbchen in ein Sieb abgießen und sehr gut abbrausen. Die Paprika waschen, halbieren, von weißen Trennwänden und Kernen befreien und in 8 mm dicke Streifen schneiden. Beides nach ca. 8 Min. zugeben. Die Zuckerschoten waschen, putzen und nach ca. 10 Min. in den Topf geben.

4 Nach 15 Min. das Hähnchenfilet aus dem großen Topf nehmen und beiseitestellen, den Topf vom Herd ziehen.

5 In einem zweiten Topf die Butter bei mittlerer Hitze schmelzen. Das Mehl mit einem Schneebesen einrühren und goldgelb anrösten. Die Brühe nach und nach mit einer Schöpfkelle unter Rühren in den kleinen Topf geben. Die Béchamelsauce mit Currypulver würzen und zum Gemüse geben.

6 Das Hähnchenfilet in 1 cm breite Streifen schneiden und ebenfalls untermischen. Für das Baby eine Portion abnehmen, das restliche Frikassee mit Salz, Pfeffer und 1 Prise Chili würzen. Mit Reis servieren.

FÜR 2 ERWACHSENE UND 1 BABY
30 MIN. ZUBEREITUNG

120 g Basmati-Reis
400 g Hähnchenbrustfilet
500 ml salzfreie Gemüsebrühe
1 Zwiebel
1 Glas Maiskölbchen (190 g Abtropfgewicht)
1 rote Paprika
200 g Zuckerschoten
20 g Butter
25 g Mehl
1 TL mildes Currypulver

Für die Großen:
Salz
Pfeffer
Chiliflocken

BREIFREI-TIPP: Greife zu Maiskölbchen im Glas, die ohne Zucker und Essig zubereitet sind. Durch das Abwaschen reduzierst du den Salzgehalt.

GRÜNES GEMÜSE IN CASHEWSAUCE

AB BEIKOSTREIFE

1 Den Reis waschen und nach Packungsangabe garen. Inzwischen die Zwiebel schälen und sehr fein würfeln. Den Ingwer schälen und fein reiben.

2 Das Öl in einem großen Topf erhitzen, Ingwer und Zwiebel darin bei mittlerer Hitze ca. 4 Min. anbraten. Dann Bohnen und Brokkoli dazugeben und mit Gemüsebrühe ablöschen. Einmal aufkochen, dann bei mittlerer Hitze zugedeckt ca. 8 Min. garen.

3 Wenn das Gemüse weich ist, Cashew-Mus unterrühren und mit Limettensaft abschmecken. Eine Babyportion entnehmen. Den Rest mit Salz und Sojasauce würzen und mit Reis servieren.

FÜR 2 ERWACHSENE
UND 1 BABY
30 MIN. ZUBEREITUNG

120 g Basmati-Reis
1 kleine Zwiebel
1 Stück Ingwer (1 cm)
2 EL Bratöl
250 g grüne TK-Bohnen
300 g TK-Brokkoli
200 ml salzfreie Gemüsebrühe
2 EL Cashew-Mus
2 EL Limettensaft

Für die Großen:
Salz
2 EL Sojasauce

PRAXIS-TIPP: Babys können Reis nur dann greifen, wenn er schön zusammenklebt. Bei Basmati-Reis passiert das automatisch, wenn er abkühlt. Man kann dann mit einem feuchten Löffel Nocken abstechen und servieren.

PUTEN-GESCHNETZELTES

AB BEIKOSTREIFE

1 Die Kartoffeln schälen und in 2 cm breite Spalten schneiden. In wenig Wasser zugedeckt einmal aufkochen, dann in ca. 25 Min. bei mittlerer Hitze gar kochen.

2 Inzwischen die Putenschnitzel in Streifen schneiden (à ca. 1 × 6 cm). Das Öl in einer Pfanne erhitzen und die Putenstreifen bei mittlerer bis großer Hitze anbraten, dabei nicht zu oft hin und her wenden. Nach ca. 6 Min. braten die Hitze reduzieren und mit den Paprikapulvern würzen. Direkt die Crème fraîche untermischen und die Pfanne sofort vom Herd nehmen.

3 Das Geschnetzelte mit den Kartoffeln servieren. Eine kleine Portion fürs Baby gut auskühlen lassen. Das restliche Gericht für die Großen mit Salz und Pfeffer würzen.

FÜR 2 ERWACHSENE UND 1 BABY
30 MIN. ZUBEREITUNG

650 g festkochende Kartoffeln
300 g Putenschnitzel
2 EL Bratöl
1 TL edelsüßes Paprikapulver
1 TL geräuchertes Paprikapulver
200 g Crème fraîche

Für die Großen:
Salz
Pfeffer

KÜRBIS-BLUMENKOHL-GRATIN

AB PINZETTENGRIFF

FÜR 2 ERWACHSENE UND 1 BABY
15 MIN. ZUBEREITUNG
30 MIN. BACKEN

1 Knoblauchzehe
1 Zwiebel
20 g Butter
3 EL Mehl
300 ml Milch
200 ml salzfreie Gemüsebrühe
2 Prisen frisch geriebene Muskatnuss
400 g TK-Kürbiswürfel
400 g TK-Blumenkohl
80 g Bergkäse

Für die Großen:
Salz
Pfeffer

1 Den Knoblauch und die Zwiebel schälen und fein würfeln. Die Butter in einem kleinen Topf erhitzen und beides darin ca. 4 Min. anbraten. Das Mehl dazugeben und so lange rühren, bis es goldgelb glänzt. Mit 100 ml Milch ablöschen und unter Rühren einkochen lassen, dann die restliche Milch zugeben und wieder unter Rühren einkochen. Die Gemüsebrühe zugeben und ebenfalls unter Rühren einkochen, bis eine dickflüssige Béchamelsauce entsteht. Mit Muskatnuss würzen.

2 Den Backofen auf 180° vorheizen. Kürbis und Blumenkohl in eine Auflaufform geben, die Béchamelsauce darüber verteilen. Den Käse reiben und darübergeben, dann den Auflauf ca. 30 Min. im heißen Ofen (Mitte) backen.

3 Herausnehmen und noch ca. 5 Min. ruhen lassen. Die Portion fürs Baby gut auskühlen lassen. Für die Großen auf dem Teller mit Salz und Pfeffer nachwürzen.

BREIFREI-TIPP: Falls dein Baby noch ganz am Anfang der Beikostzeit ist, gib nur Blumenkohlröschen in eine Miniform und überbacke sie mit Béchamel und wenig Käse. Die Erwachsenenportion kannst du dann direkt würzen.

PASTINAKEN-PLINSEN MIT APFELMUS

AB BEIKOSTREIFE

1 Die Gemüsebrühe etwas erwärmen. Die Pastinaken putzen, schälen und fein reiben. Die Zwiebel schälen und sehr fein würfeln. Pastinaken, Zwiebelwürfel, Haferflocken sowie Eier in einer Schüssel gut mischen. Mehl, Muskatnuss und warme Gemüsebrühe zugeben und alles gut vermengen.

2 Zwei große Pfannen mit je 2 EL Öl erhitzen. Pro Plinse ca. 2 EL Teig in die Pfanne geben, dabei 3–4 Plinsen gleichzeitig ca. 5 Min. pro Seite ausbacken. Wenn 1–2 Plinsen fürs Baby ausgebacken sind, die restliche Masse mit Salz und Pfeffer würzen.

3 Die Plinsen mit Apfelmark servieren, die Großen können auch Herzhaftes dazu essen.

FÜR 2 ERWACHSENE UND 1 BABY
30 MIN. ZUBEREITUNG

200 ml salzfreie Gemüsebrühe
250 g Pastinaken
1 Zwiebel
150 g zarte Haferflocken
2 Eier (M)
2 EL Mehl
1 Prise frisch geriebene Muskatnuss
4 EL Bratöl
250 g Apfelmark

Für die Großen:
Salz
Pfeffer

ZUCCHINIPIZZEN

AB BEIKOSTREIFE

1 Den Backofen auf 190° vorheizen. Die Zucchini waschen, putzen und längs in 0,5 cm dicke Scheiben schneiden. Die gehackten Tomaten in einer Schüssel mit den getrockneten Kräutern mischen. Den Knoblauch schälen und dazupressen. 1–2 Zucchinischeiben für das Baby mit Tomatensauce bestreichen, den Rest der Tomatenmasse mit Salz und Pfeffer würzen.

2 Die Pilze putzen, mit einem feuchten Tuch abreiben und in sehr dünne Scheiben schneiden. Diese auf den Zucchini verteilen und mit geriebenem Mozzarella bestreuen. Die Pizzen ca. 25 Min. im Ofen (Mitte) backen.

3 Anschließend herausnehmen und servieren. Die Zucchini fürs Baby in Streifen schneiden und gut auskühlen lassen.

FÜR 2 ERWACHSENE
UND 1 BABY
15 MIN. ZUBEREITUNG
25 MIN. BACKEN

2 große Zucchini
200 g gehackte Tomaten (Dose)
1 TL getrocknete Italienische Kräuter
1 Knoblauchzehe
4 braune Champignons
50 g geriebener Mozzarella

Für die Großen:
Salz
Pfeffer

FÜR DIE GROSSEN: Diese Pizzen lassen sich super mit allen Pizzazutaten deiner Wahl aufpeppen. Wir lieben Kapern und Oliven für mehr Würze.

G
B

KARTOFFEL-KOHLRABI-SALAT

AB BEIKOSTREIFE

1 Kartoffeln und Kohlrabi schälen und jeweils zu sechs Sticks (à ca. 7 x 1 cm) schneiden. Den Rest 1–2 cm groß würfeln. In wenig Wasser im geschlossenen Topf aufkochen, dann zugedeckt bei mittlerer Hitze in ca. 20 Min. gar kochen.

2 In einer Schüssel Mayo, Joghurt und Gurkensud mischen. 1-2 TL davon fürs Baby abnehmen. Die Essiggurken fein würfeln und unter die restliche Marinade mischen, das Dressing mit mit Salz und Pfeffer würzen.

3 Kartoffeln und Kohlrabi abgießen, die Sticks mit der Babymarinade mischen. Den Rest warm in die gewürzte Marinade geben. Alles mischen und servieren.

FÜR 3 ERWACHSENE
UND 1 BABY
30 MIN. ZUBEREITUNG

500 g festkochende Kartoffeln
500 g Kohlrabi
1 EL vegane Mayonnaise
3 EL Joghurt
4 Essiggurken + 2 EL Sud

Für die Großen:
Salz
Pfeffer

LIGURISCHE PASTA

AB BEIKOSTREIFE

FÜR 2 ERWACHSENE UND 1 BABY
25 MIN. ZUBEREITUNG

250 g festkochende Kartoffeln
250 g Pasta (Kochzeit ca. 11 Minuten)
250 g grüne TK-Bohnen
125 g grünes Pesto (Kühlregal)

1 Die Kartoffeln schälen und 1,5 cm groß würfeln. Einen großen Topf mit Wasser zum Kochen bringen, Kartoffeln und Nudeln darin ca. 5 Min. garen. Dann die grünen Bohnen zugeben und weitere 7 Min. garen.

2 Nach Ablauf der Kochzeit abgießen, dabei 100 ml Kochwasser auffangen. Die Portion fürs Baby etwas abkühlen lassen und mit wenig grünem Pesto mischen. Den Rest mit reichlich Pesto mischen und mit etwas Kochwasser cremig rühren.

EINKAUFS-TIPP: Im Bioladen und Supermarkt gibt es eine große Auswahl an Pesto, sowohl als haltbares Pesto im Glas als auch im Kühlregal. Du findest sicher eine Variante, die wenig Salz (ca 1,5 g auf 100 g) enthält.

NUDELAUFLAUF CAPRESE

AB BEIKOSTREIFE

FÜR 2 ERWACHSENE UND 1 BABY
20 MIN. ZUBEREITUNG
20 MIN. BACKEN

240 g Spirelli (oder Penne) mit kurzer Kochzeit
Salz
1 Knoblauchzehe
400 g gehackte Tomaten (Dose)
200 g Sahne
2 TL getrocknete italienische Kräuter
125 g Mozzarella
3 Stiele Basilikum

Für die Großen:
Pfeffer

Außerdem:
Auflaufform (20 x 30 cm)

1 Die Nudeln nach Packsangabe in reichlich Salzwasser al dente kochen.

2 Inzwischen den Knoblauch schälen und in eine große Auflaufform pressen. Tomaten und Sahne dazugeben, die Kräuter gut untermischen. Den Mozzarella in dünne Scheiben schneiden.

3 Den Backofen auf 180° vorheizen. Die Nudeln abgießen und tropfnass in die Auflaufform geben und mit den Tomaten mischen. Den Mozzarella darauf verteilen und alles ca. 20 Min. im heißen Ofen (Mitte) überbacken.

4 Herausnehmen und eine Portion ohne Mozzarella fürs Baby abnehmen, diese etwas auskühlen lassen. Das Basilikum kalt abbrausen und trocken schütteln. Die Blättchen fein zerzupfen, auf dem restlichen Auflauf verteilen und mit Salz und Pfeffer würzen.

FÜR DIE GROSSEN: Hier bietet es sich super an, den Auflauf fürs Baby in einer sehr kleinen Auflaufform zu backen, etwa in einer feuerfesten Dessertschale. So kannst du den Auflauf für die Großen mit mehr Knoblauch, Salz und Pfeffer würzen.

KABELJAU IN ZITRONENSAUCE

AB PINZETTENGRIFF

FÜR 2 ERWACHSENE UND 1 BABY
30 MIN. ZUBEREITUNG

1 Zitrone
500 g Süßkartoffeln
50 g Butter
100 ml Milch
2 Prisen frisch geriebene Muskatnuss
1 TL getrockneter Thymian
1 kleine Zwiebel
2 EL Mehl
1 EL TK-Dill
400 g Kabeljau-Loins

Für die Großen:
Salz
Pfeffer

1 Die Zitrone auspressen. Die Süßkartoffeln schälen und in ca. 1 cm große Würfel schneiden. Mit wenig Wasser in einen kleinen Topf geben, aufkochen und in ca. 10 Min. garen. Anschließend das Wasser abgießen und die Süßkartoffelstücke ca. 2 Min. abdampfen lassen. 10 g Butter, 25 ml Milch, Muskatnuss und Thymian dazugeben und alles mit einem Kartoffelstampfer zu einem festeren Püree zerkleinern. Warm halten.

2 Während die Kartoffeln kochen, die Zwiebel schälen und fein würfeln. 10 g Butter in einem kleinen Topf erhitzen, die Zwiebel darin ca. 3 Min. anbraten. Die Hitze reduzieren und 1 EL Mehl über die Zwiebel stäuben, unter Rühren ca. 2 Min. anschwitzen. Die restlichen 75 ml Milch dazugießen, sehr gut verrühren und alles einmal unter Rühren aufkochen lassen, bis die Sauce andickt. Bei Bedarf 50 ml Wasser dazugeben. Den Saft von ½ Zitrone und Dill unterrühren. Warm halten.

3 Die Loins in ca. 5 cm große Stücke schneiden, mit dem restlichen Zitronensaft beträufeln und im restlichen EL Mehl wenden. Die restlichen 30 g Butter in einer großen Pfanne erhitzen und den Fisch darin ca. 5 Min. pro Seite bei mittlerer Hitze anbraten.

4 Von Püree, Sauce und Fisch etwas fürs Baby abnehmen und etwas abkühlen lassen. Den Rest für die Großen am Tisch kräftig mit Salz und Pfeffer würzen.

PRAXIS-TIPP: Das Püree wird beim Abkühlen fester und kann dann gut mit den Händen gegessen werden. Alternativ kannst du einen Löffel für dein Baby damit füllen und ihm in die Hand geben.

LINSENREIS MIT GARNELEN

AB PINZETTENGRIFF

1 Die Garnelen in einem Sieb abspülen und antauen lassen.

2 Inzwischen Reis und Linsen in einem Sieb waschen. Dann in einem kleinen Topf mit 340 ml Wasser zum Kochen bringen und bei kleiner Hitze gar köcheln.

3 Zwiebeln und Knoblauch schälen und fein würfeln. Paprika waschen, halbieren, weiße Trennwände und Kerne entfernen. Das Fruchtfleisch in 0,5 cm große Würfel schneiden.

4 1 EL Öl in einer Pfanne erhitzen und das Gemüse darin bei mittlerer bis hoher Hitze 5 Min. anbraten. Aus der Pfanne nehmen. Den restlichen EL Öl in die Pfanne geben und die Garnelen darin ca. 3 Min. bei großer Hitze anbraten. Mit Zitronensaft ablöschen, Gemüse und Kräuterfrischkäse unterrühren.

5 Eine Portion fürs Baby abnehmen und etwas abkühlen lassen. Für die Großen mit Salz und Pfeffer würzen.

FÜR 2 ERWACHSENE
UND 1 BABY
30 MIN. ZUBEREITUNG

250 g TK-Garnelen (küchenfertig)
130 g Reis
50 g gelbe Linsen
1 Zwiebel
1 Knoblauchzehe
1 Paprika
2 EL neutrales Öl
2 EL Zitronensaft
100 g Kräuterfrischkäse

Für die Großen:
Salz
Pfeffer

NÄHRSTOFF-TIPP: Die Kombination von Linsen und Reis liefert eine extra Portion Eiweiß.

MEAL-PREP-TIPP: Reis und Linsen kannst du am Vorabend kochen und auch das Gemüse schon schneiden.

GRÜNKERNBRATLINGE MIT SPARGELRAGOUT

AB BEIKOSTREIFE

1 Den Grünkernschrot mit 400 ml Gemüsebrühe in einen Topf geben, aufkochen und bei mittlerer Hitze ca. 3 Min. unter Rühren quellen lassen. Den Herd ausschalten und den Grünkern zugedeckt weiter quellen lassen.

2 Inzwischen den Spargel waschen, schälen und holzige Enden abbrechen. Die Stangen in 4 cm lange Stücke schneiden. 2 EL Öl in einem Topf erhitzen und die Spargelstücke hineingeben, bei mittlerer Hitze ca. 2 Min. anbraten, dann 20 ml Wasser zugeben und bei geschlossenen Topf und mittlerer Hitze garen. Dabei ab und zu umrühren. Der Spargel braucht je nach Dicke 12–20 Min.

3 Den Grünkernschrot in eine Schüssel umfüllen. Paprikamark, Gemüsebrühe sowie 1 TL Senf dazugeben. Alles mischen und mit den Händen 8–10 Puffer (7 cm ∅) formen. Dann die restlichen 4 EL Öl in einer großen Pfanne erhitzen und die Puffer ca. 4 Min. pro Seite braten, bis sie goldbraun sind.

4 Wenn der Spargel gar ist, mit Soja Cuisine ablöschen und einmal aufkochen. Den restlichen TL Senf untermischen.

5 Die Bratlinge mit dem Spargelragout servieren. Die Portion fürs Baby vor dem Servieren etwas abkühlen lassen.

FÜR 2 ERWACHSENE UND 1 BABY
30 MIN. ZUBEREITUNG

200 g Grünkernschrot
400 ml salzfreie Gemüsebrühe
600 g weißer Spargel
6 EL Bratöl
2 EL Paprikamark
1 TL salzfreie Gemüsebrühe (Instant)
2 TL mittelscharfer Senf
200 ml Soja Cuisine

MEAL-PREP-TIPP: Den Grünkern kannst du schon am Abend vorbereiten und zu Bratlingen forme. Diese dann am nächsten Tag ausbacken.

EXPRESS-TIPP: Wer Spargel direkt am Hof kauft, kann sich diesen dort oft schälen lassen oder geschält vorbestellen. Das spart viel Zeit.

ABENDESSEN

E
O
L

PANIERTE PILZE

AB PINZETTENGRIFF

FÜR 2 ERWACHSENE UND 1 BABY
10 MIN. ZUBEREITUNG
20 MIN. BACKEN

250 g braune Champignons
60 g Mehl
100 ml Pflanzendrink
1 TL edelsüßes Paprikapulver
100 g Salatkernmischung
1 Knoblauchzehe
200 g Joghurt
1 EL TK-Gartenkräuter

Für die Großen:
Salz
Pfeffer

1 Den Backofen auf 180° vorheizen. Ein Backblech mit Backpapier belegen. Die Pilze putzen, mit einem feuchten Tuch abreiben und dritteln. Mehl, Pflanzendrink und Paprikapulver in einem tiefen Teller zu einem glatten Teig verrühren. Die Kernmischung im Mixer fein mahlen, ebenfalls auf einen flachen Teller geben.

2 Die Pilzstücke zunächst in der feuchten Mischung, dann in den Salatkernen wenden und aufs Blech legen. Die feuchte Mischung nach einigen Pilzen fürs Baby mit Salz und Pfeffer für die Großen würzen. Die Pilze im heißen Ofen (Mitte) ca. 20 Min. backen.

3 Inzwischen für den Dip die Knoblauchzehe schälen und pressen. Knoblauchzehe, Joghurt und Kräuter in einer kleinen Schüssel verrühren. 1 EL Dip fürs Baby abenehmen, den Rest mit Salz und Pfeffer abschmecken.

4 Die Pilze herausnehmen, für das Baby gut abkühlen lassen und mit dem Dip servieren.

BLITZBROT

AB BEIKOSTREIFE

1 Die Hefe in 375 ml lauwarmem Wasser auflösen.

2 Mehlsorten, Samen und Kerne in einer Schüssel mischen. Das Hefewasser und Öl dazugeben und alles in ca. 5 Min. mit der Küchenmaschine oder den Händen zu einem zähen Teig kneten.

3 Die Backform mit Öl einpinseln und dünn mit Mehl bestäuben. Den Teig in die Form gleiten lassen.

4 Im nicht vorgeheizten Ofen (2. Schiene von unten) bei 220° ca. 50 Min. mit Backpapier abgedeckt backen. Das Papier abnehmen und Brot weitere 10 Min. backen. Herausnehmen und vor dem Anschneiden vollständig auskühlen lassen.

FÜR 1 BROT
10 MIN. ZUBEREITUNG
1 STD. BACKEN

½ Würfel frische Hefe
400 g Vollkorn-Weizenmehl
125 g Vollkorn-Roggenmehl
2 EL Sesam
2 EL Leinsamen
3 EL Sonnenblumenkerne
1 EL Olivenöl

Außerdem:
1 Kastenform (32 cm)
Öl und Mehl für die Form

PRAXIS-TIPP: Bereite direkt die doppelte Menge des Teiges zu und salze einen Teil davon. Die beiden Kastenformen kannst du zeitgleich nebeneinander im Ofen backen – so sparst du Energie und Zeit. Das Babybrot ohne Salz kannst du in Scheiben geschnitten tiefkühlen und bei Bedarf bei Raumtemperatur oder mit der Auftaufunktion des Toasters auftauen.

PUTENMUFFINS

AB BEIKOSTREIFE

12 STÜCK
20 MIN. ZUBEREITUNG
25 MIN. BACKEN

125 g Bio-Putenfleisch
50 g Kürbiskerne (ersatzweise Mandelmehl)
150 g Dinkelmehl
100 g Vollkorn-Dinkelmehl
1 TL Weinstein-Backpulver
1 TL edelsüßes Paprikapulver
2 Eier (M)
100 g Joghurt
50 ml neutrales Öl

Außerdem:
12er-Muffinblech
12 Papier-Muffinförmchen

1 Den Backofen auf 180° vorheizen. Die Mulden des Muffinblechs mit den Papierförmchen auslegen.

2 Das Putenfleisch trocken tupfen und ca. 1 cm groß würfeln.

3 Die Kürbiskerne in einem Mixer fein mahlen. In einer großen Schüssel die Mehlsorten, Backpulver, Paprikapulver und Kürbiskernmehl mischen. Eier, Joghurt, Öl und 50 ml Wasser in einer zweiten Schüssel verquirlen und anschließend zu den trockenen Zutaten geben. Alles zügig mit den Rührbesen des Handrührgeräts zu einer homogenen Masse mischen. Das Putenfleisch dazugeben und untermischen.

4 Den Teig auf die Muffinmulden verteilen. Im heißen Ofen (Mitte) ca. 25 Min. backen.

5 Die Muffins aus dem Ofen nehmen und vor dem Servieren auf einem Kuchengitter abkühlen lassen.

FÜR DIE GROSSEN: Einen Teil des Teiges kräftig mit Salz, schwarzem Pfeffer, Knoblauchgranulat und rosenscharfem Paprikapulver würzen.

ZUCCHINI-KÄSE-QUADRATE

AB PINZETTENGRIFF

FÜR 24 STÜCK
10 MIN. ZUBEREITUNG
25 MIN. BACKEN

250 g Zucchini
3 Eier (M)
100 g geriebener Mozzarella
75 g Vollkorn-Dinkelmehl
50 g gemahlene Mandeln
1 TL getrockneter Thymian
½ TL gemahlene Kurkuma

1 Den Backofen auf 180° vorheizen. Ein Backblech mit einem Bogen Backpapier auslegen.

2 Die Zucchini waschen, putzen und fein reiben. Zucchiniraspel in ein sauberes Küchentuch geben und auswringen. Zucchini, Eier und Käse in eine Schüssel geben und mit den Rührbesen des Handrührgeräts vermengen. Mehl, Mandeln, Thymian und Kurkuma dazugeben und alles rasch verrühren.

3 Den Teig auf das Blech geben und 25 × 20 cm ausstreichen. Im heißen Ofen (Mitte) ca. 25 Min. backen. Herausnehmen und auf einem Kuchengitter abkühlen lassen.

4 Anschließend stürzen und das Backpapier vorsichtig abziehen. Den Teig in 24 Quadrate schneiden.

PRAXIS-TIPP: Der gebackene Teig kann auch in zwölf gleichgroße Quadrate geschnitten werden. So kannst du die Quadrate für ältere Kinder wie Brote belegen und als Sandwich servieren oder mit in die Brotbox packen.

VOLLKORNCRÊPES MIT BANANEN

AB BEIKOSTREIFE

FÜR 2 ERWACHSENE UND 1 BABY • 25 MIN. ZUBEREITUNG

25 g Butter • 1 Ei (M) • 225 ml Milch • 125 g Vollkorn-Dinkelmehl • Bratöl • 3 reife Bananen • 4 TL Pistazienmus

1 Die Butter in einer Pfanne langsam zerlassen. Inzwischen das Ei mit der Milch in einem Messbecher verquirlen. Butter zugeben und ebenfalls unterrühren. Dann das Mehl zugeben und mit den Rührbesen des Handrührgeräts zu einem glatten Teig rühren.

2 Die Pfanne erneut erhitzen und mit ¼ TL Öl einpinseln. 1 Schöpfkelle Teig hineingeben und durch Schwenken verteilen. Die Crêpe ca. 2 Min. bei mittlerer Hitze backen, dann wenden und noch 1 Min. backen. Herausnehmen und auf einen Teller geben. Auf diese Weise sechs Crêpes herstellen. Diese auf dem Teller stapeln und etwas abkühlen lassen – sie werden kurz knusprig, dann aber schnell wieder weich.

3 Die Bananen schälen und der Länge nach halbieren. Je ½ Banane in einen Crêpes legen, mit etwas Pistazienmus beträufeln und zusammenrollen. Die Crêpe fürs Baby in 1 cm dicke Scheiben schneiden.

BROKKOLIWAFFELN

AB BEIKOSTREIFE

FÜR 6 STÜCK • 30 MIN. ZUBEREITUNG

100 g Kürbiskerne • 200 g TK-Brokkoli • 300 ml Pflanzendrink (z. B. Sojadrink) • 1 EL gemahlene Leinsamen • 150 g Vollkorn-Dinkelmehl • 50 ml Olivenöl • 1 TL Weinstein-Backpulver • Waffeleisen • Fett für das Waffeleisen

1 Die Kürbiskerne in einem Mixer fein mahlen. Den Brokkoli in reichlich kochendem Wasser ca. 7 Min. garen, dann abgießen und gut abtropfen lassen. Anschließend mit dem Pflanzendrink fein pürieren.

2 Brokkoli-Drink mit Kürbiskernen, Leinsamen, Mehl, Öl und Backpulver mischen und mit den Rührbesen des Handrührgeräts zu einem glatten Teig vermengen.

3 Das Waffeleisen erhitzen, gut einfetten und je 2 gehäufte EL Teig zu einer Waffel ausbacken. Dabei am Anfang das Eisen etwas zusammendrücken, sonst werden die Waffeln sehr dick. Die Waffeln ca. 4 Min. backen.

4 Anschließend herausnehmen und auf einem Kuchengitter abkühlen lassen. Sie lassen sich hervorragend einfrieren.

WALNUSSPATTIES

AB BEIKOSTREIFE

1 Den Couscous in einer großen Schüssel mit 140 ml kochendem Wasser übergießen und ca. 5 Min. ziehen lassen.

2 Inzwischen die schwarzen Bohnen in ein Sieb abgießen und sehr gut abspülen. Die Walnüsse in einem Mixer fein mahlen. Bohnen und Datteln zugeben und kurz pulsierend mixen. Die Masse zum Couscous geben. Beide Paprikapulver zugeben und die Masse mit den Händen gut zusammenkneten – wenn sie sich zu weich anfühlt, die Semmelbrösel unterkneten.

3 Für das Baby 4–5 Stangen (à ca. 2 × 7 cm) formen. Den Rest mit Salz und Pfeffer würzen und zu 1,5 cm dicken Bratlingen formen. Das Öl in einer großen Pfanne erhitzen und die Bratlinge darin ca. 4 Min. pro Seite ausbacken. Herausnehmen, auf Küchenpapier entfetten und servieren. Die Stangen fürs Baby vor dem Servieren etwas abkühlen lassen.

FÜR 2 ERWACHSENE UND 1 BABY
30 MIN. ZUBEREITUNG

75 g Couscous
1 Dose schwarze Bohnen (270 g Abtropfgewicht)
100 g Walnusskerne
4 Datteln (entsteint)
½ TL edelsüßes Paprikapulver
½ TL geräuchertes Paprikapulver
3 EL Semmelbrösel (nach Belieben)
4 EL Bratöl

Für die Großen:
Salz
Pfeffer

TOAST MIT RASPELGEMÜSE

AB BEIKOSTREIFE

FÜR 2 ERWACHSENE UND 1 BABY
15 MIN. ZUBEREITUNG
20 MIN. BACKEN

40 g Butter
5 Scheiben Vollkorn-Toastbrot
1 große Möhre
1 kleiner Zucchino
4 Eier (M)
100 ml Milch

Außerdem:
Auflaufform (20 × 35 cm)
Butter für die Form + zum Bestreichen

Für die Großen:
Kräutersalz

1 Den Backofen auf 180° vorheizen. Die Butter in einer kleinen, feuerfesten Schale mit in den Ofen stellen, sodass sie zerläuft.

2 Die Toastscheiben so zurechtschneiden, dass sie genau in eine Auflaufform passen. Diese sehr gut einfetten. Die Toastscheiben auf beiden Seiten mit Butter einpinseln und ca. 4 Min. im heißen Ofen (Mitte) rösten.

3 Inzwischen die Möhre putzen, schälen und grob raspeln. Den Zucchino waschen, putzen und grob raspeln. Die Eier in einem Messbecher verquirlen, die Milch dazugeben. Die Toastscheiben mit Raspelgemüse bestreuen, die Eimischung darübergießen und einige Scheiben für die Großen mit Kräutersalz würzen. Dann alles im heißen Ofen (Mitte) ca. 20 Min. backen.

4 Die Form herausnehmen. Die Toastscheiben für das Baby etwas abkühlen lassen und in Streifen schneiden.

DEFTIGER DUTCH BABY

AB BEIKOSTREIFE

1 Den Backofen auf 220° vorheizen. Die Butter in der Auflaufform mit in den Ofen stellen und zerlassen.

2 Die Eier in einer großen Schüssel mit den Rührbesen des Handrührgeräts aufschlagen. Sprudelwasser und Butter unterrühren. Das Mehl daraufsieben und gründlich untermischen, es sollen sich kleine Klümpchen bilden.

3 Die Auflaufform rundherum gut einfetten, dann den Teig gleichmäßig in die Form geben.

4 Den Fisch in 1 cm große Würfel schneiden. Die Kirschtomaten waschen und vierteln. Beides auf dem Teig verteilen. Eine Seite mit Salz und Pfeffer würzen, dann den Käse auf dem Pfannkuchen verteilen. Im heißen Ofen (Mitte) ca. 15 Min. backen.

5 Herausnehmen und zum Servieren in Stücke schneiden. Die Portion fürs Baby vor dem Servieren etwas auskühlen lassen.

FÜR 2 ERWACHSENE
UND 1 BABY
15 MIN. ZUBEREITUNG
15 MIN. BACKEN

40 g Butter
4 Eier (M)
200 ml kohlensäurehaltiges Mineralwasser
150 g Mehl
200 g TK-Heilbutt (aufgetaut)
100 g Kirschtomaten
100 g geriebener Mozzarella

Außerdem:
Auflaufform (20 × 35 cm)
Fett für die Form

Für die Großen:
Salz
Pfeffer

BLÄTTERTEIG-KÄSE-BISSEN

AB PINZETTENGRIFF

FÜR 16 STÜCK
25 MIN. ZUBEREITUNG

2 Quadrate zuckerfreier TK-Blätterteig
40 g Gouda
2 Prisen edelsüßes Paprikapulver

Außerdem:
Waffeleisen
4 Sprüher Backsprühöl (ersatzweise 2 TL Öl)

1 Die Blätterteigplatten aus dem Tiefkühler nehmen und nebeneinander ca. 8 Min. antauen lassen.

2 Inzwischen den Käse in 16 ca. 2 × 0,5 cm große Stücke schneiden. Den Blätterteig leicht ausrollen und jedes Quadrat in 16 gleich große Quadrate teilen.

3 Das Waffeleisen vorheizen und mit Öl besprühen.

4 16 Blätterteigstücke mittig mit je einem Käsestück belegen, mit wenig Paprikapulver bestreuen und ein weiteres Quadrat darauflegen. Die Teigränder gut andrücken. Je nach Größe des Waffeleisens 5–6 Stücke ins Waffeleisen legen und ca. 2 Min. ausbacken. Herausnehmen und auf einem Teller gut abkühlen lassen, den Rest ebenso ausbacken – dabei das Waffeleisen zwischendurch noch einmal mit Öl besprühen.

FÜR DIE GROSSEN: Die Blätterteig-Bissen vor dem Backen noch mit etwas Knoblauchgranulat und rosenscharfem Paprikapulver würzen.

MAISKÜCHLEIN

AB PINZETTENGRIFF

1 Kichererbsenmehl, Backpulver, Koriander und Kreuzkümmel in einer Schüssel mischen. Den Mais unterheben.

2 Das Öl in zwei großen Pfannen erhitzen. Den Sojadrink zu den anderen Zutaten geben und rasch unterrühren. Dann den Teig direkt esslöffelweise in die heiße Pfanne geben – es sollen 1 cm hohe Küchlein (à 6 cm ∅) entstehen. Bei mittlerer Hitze ca. 4 Min. pro Seite ausbacken.

3 Die Küchlein herausnehmen, auf Küchenpapier entfetten und servieren – fürs Baby vorher etwas auskühlen lassen.

FÜR 2 ERWACHSENE
UND 1 BABY
30 MIN. ZUBEREITUNG

120 g Kichererbsenmehl
½ TL Weinstein-Backpulver
½ TL gemahlener Koriander
½ TL gemahlener Kreuzkümmel
200 g TK-Mais
6 EL neutrales Öl
160 ml Sojadrink

FÜR DIE GROSSEN: Zu den Küchlein passt toll ein Kräuterquark aus 200 g Quark, 50 ml Mineralwasser, 2 EL TK-Kräutern, Salz und Pfeffer.

BULGUR-PILZ-TALER

AB BEIKOSTREIFE

1 1 l Wasser im Wasserkocher zum Kochen bringen. Inzwischen den Bulgur in einem Sieb abspülen und in einen kleinen Topf geben. Das Wasser dazugießen. Alles einmal aufkochen und ca. 15 Min. bei kleiner Hitze sanft köcheln lassen. Anschließend in das Sieb abgießen und abtropfen lassen.

2 Inzwischen die Leinsamen mit 2 EL heißem Wasser vermischen und quellen lassen. Zwiebel schälen und sehr fein würfeln. Champignons putzen, mit einem feuchten Tuch abreiben und sehr fein würfeln. Die Petersilie kalt abbrausen und trocken schütteln, Blättchen abzupfen und sehr fein hacken. Bulgur mit Zwiebel, Champignons, Petersilie, Gewürzen und Speisestärke in eine Schüssel geben und sehr gut vermischen.

3 Inzwischen das Öl in einer großen Pfanne erhitzen. Mit leicht angefeuchteten Händen zwei Taler ausformen. Den Rest der Masse kräftig mit Salz und Pfeffer abschmecken und zu weiteren sechs Talern formen. Alle Taler im heißen Öl ca. 4 Min. backen, wenden und weitere 4 Min. backen. Herausnehmen und auf Küchenpapier abtropfen lassen.

FÜR 8 STÜCK
30 MIN. ZUBEREITUNG

50 g Bulgur
1 EL Leinsamen
1 kleine Zwiebel
80 g Champignons
½ Bund glatte Petersilie
½ TL gemahlener Koriander
½ TL gemahlener Kreuzkümmel
50 g Speisestärke
2 EL neutrales Öl

Für die Großen:
Salz
Pfeffer

MEAL-PREP-TIPP: Die Bulgurtaler können gut vorbereitet werden. Du kannst die ausgeformten Taler auf einem abgedeckten Teller im Kühlschrank aufbewahren. Alternativ backst du sie aus und erwärmst sie am nächsten Tag in der Pfanne.

ERBSEN-MINZ-AUFSTRICH

AB BEIKOSTREIFE

FÜR 8 PORTIONEN • 15 MIN. ZUBEREITUNG

5 Stängel frische Minze • 1 Bio-Zitrone • 200 g TK-Erbsen (aufgetaut) • 1 EL Tahin (Sesampaste) • 1 EL Olivenöl • ¼ TL gemahlener Kreuzkümmel • ¼ TL gemahlener Koriander • Salz • Pfeffer • Chiliflocken • Schraubglas (200 ml)

1 Die Minze kalt abbrausen, trocken schütteln und die Blättchen abzupfen. Die Zitrone heiß waschen und abgtrocknen, die Schale fein abreiben und den Saft auspressen. Minze, Zitronensaft- und schale, Erbsen, Tahin, Olivenöl, Koriander und Kreuzkümmel in einem hohen Mixbecher zu einem stückigen Aufstrich pürieren.

2 Eine Portion fürs Baby entnehmen, den Rest für die Großen würzig abschmecken. Den Aufstrich in ein sauberes Schraubglas füllen, bis zu 3 Tage im Kühlschrank aufbewahren.

PRAXIS-TIPP: Statt TK-Erbsen schmecken auch geschälte TK-Edamame. Diese vor dem Pürieren mit kochendem Wasser übergießen und ca. 5 Min. ziehen lassen, dann abgießen.

MANGO-CURRY-AUFSTRICH

AB BEIKOSTREIFE

FÜR 8 PORTIONEN • 10 MIN. ZUBEREITUNG

75 g Sonnenblumenkerne • 125 g Mangofruchtfleisch • 1 Knoblauchzehe • 1 TL mildes Currypulver • Salz • ½ TL rosenscharfes Paprikapulver • Schraubglas (200 ml)

1 Die Sonnenblumenkerne mit 3 EL Wasser zu einer feinen Masse pürieren.

2 Das Mangofleisch würfeln. Die Knoblauchzehe schälen und halbieren. Mango mit Knoblauch und Curry zu den Sonnenblumenkernen geben und alles cremig pürieren.

3 Die Portion fürs Baby entnehmen, den Rest mit Salz und Paprikapulver würzig abschmecken. Den Aufstrich in ein sauberes Schraubglas füllen und gut verschlossen bis zu 4 Tage im Kühlschrank aufbewahren.

MEAL-PREP-TIPP: Du kannst den Aufstrich auch in größeren Mengen zubereiten und in Schraubgläsern einfrieren.

JOGHURTKEULCHEN

AB BEIKOSTREIFE

1 Den Joghurt mit den Eiern in einer Schüssel glatt rühren. Mehl und Hartweizengrieß vorsichtig untermischen.

2 Den Mangold waschen, putzen und sehr fein hacken. Die Möhre putzen, schälen und fein raspeln. Die Lauchzwiebeln waschen, putzen und ebenfalls sehr fein hacken. Das Gemüse vorsichtig unter den Teig heben, mit Muskat würzen.

3 Das Öl in zwei Pfannen erhitzen. In jede Pfanne 4–5 kleine Keulchen à 2–3 EL Teig geben. Diese bei mittlerer Hitze ca. 5 Min. pro Seite ausbacken. Zunächst 2–3 Keulchen fürs Baby ausbacken, den restlichen Teig mit Salz und Pfeffer würzen.

4 Die Keulchen auf Küchenpapier entfetten. Die Portion fürs Baby vor dem Servieren etwas auskühlen lassen.

FÜR 2 ERWACHSENE
UND 1 BABY
30 MIN. ZUBEREITUNG

350 g griechischer Joghurt
2 Eier (M)
8 EL Mehl
2 EL Hartweizengrieß
2 Stiele Mangold
1 Möhre
2 Lauchzwiebeln
1 Prise frisch geriebene Muskatnuss
2 EL Bratöl

Für die Großen:
Salz
Pfeffer

SNACKS

ORANGENSMOOTHIE

AB BEIKOSTREIFE

FÜR 2 ERWACHSENE UND 1 BABY • 10 MIN. ZUBEREITUNG

2 Orangen • 1 Avocado • 1 Limette • 3 EL Cashew-Mus • 1 EL Kürbiskerne

1 Die Orangen schälen, in grobe Stücke schneiden und in den Mixer geben. Die Avocado halbieren, den Kern entfernen und das Fruchtfleisch mit einem Löffel herauslösen und in den Mixer geben. Die Limette auspressen und den Saft zugeben. 300 ml Wasser, Cashew-Mus sowie Kürbiskerne zugeben.

2 Alles mind. 30 Sek. bei höchster Stufe pürieren. Den Smoothie am besten zu einer Mahlzeit in einem kleinen Becher anbieten.

PASTINAKEN-PLÄTZCHEN

AB BEIKOSTREIFE

FÜR 25 STÜCK • 30 MIN. ZUBEREITUNG • 10 MIN. BACKEN

100 g Pastinake (ersatzweise Möhre) • 50 g Apfel • 20 ml neutrales Öl • 130 g Dinkelmehl (Type 630) + mehr zum Arbeiten • 1 TL Weinstein-Backpulver • ¼ TL gemahlene Bourbon-Vanille • Ausstechförmchen

1 Pastinake schälen und in 1 cm große Würfel schneiden. Apfel schälen, halbieren, das Kerngehäuse entfernen und Apfel in 2 cm große Würfel schneiden. Pastinake und Apfel in einem kleinen Topf mit Wasser aufkochen, zugedeckt ca. 6 Min. köcheln lassen, in ein Sieb abgießen und abtropfen lassen. Mit dem Öl zurück in Topf geben und fein pürieren. Mehl, Backpulver und Vanille zufügen, den Teig mit einem Holzlöffel und anschließend den Händen zu einer weichen Kugel formen.

2 Den Backofen auf 170° (Umluft) vorheizen und zwei Backbleche mit Backpapier belegen. Teig halbieren und eine Portion auf bemehlter Arbeitsfläche mit einem Nudelholz 4 mm dick ausrollen. Plätzchen ausstechen und auf ein Backblech legen. Teigreste zusammenkneten, wieder ausrollen und ausstechen. Mit der zweiten Teigportion wiederholen.

3 Die Plätzchen im heißen Ofen ca. 10 Min. backen, die Bleche nach ca. 5 Min. tauschen. Herausnehmen und auf einem Kuchengitter vollständig auskühlen lassen. Sie sind in einer Blechdose bis zu 4 Tage haltbar.

MEAL-PREP-TIPP: Du kannst die Plätzchen auch tiefkühlen und bei Raumtemperatur auftauen.

MÜSLIRIEGEL OHNE BACKEN

AB PINZETTENGRIFF

1 Die Form mit Backpapier auslegen.

2 Die trockenen Zutaten in einen Mixer geben und mehlähnlich mahlen. Die Aprikosen dazugeben und feinstückig zerkleinern. Die Banane schälen und mit Erdnussmus und Kokosöl in den Mixer geben. Alles zu einer leicht klebrigen Masse pürieren, evtl. einen Schuss Wasser dazugeben.

3 Die Masse in die Form geben, mit den Händen gleichmäßig verteilen und leicht andrücken. Die Form in den Tiefkühler geben und in ca. 30 Min. fest werden lassen. Herausnehmen, die gefrorene Masse vorsichtig mit dem Backpapier aus der Form nehmen und in Riegel schneiden.

FÜR 15 STÜCK
15 MIN. ZUBEREITUNG
30 MIN. TIEFKÜHLEN

30 g Kokosraspel
50 g gemahlene Leinsamen
75 g zarte Haferflocken
1 Msp. gemahlene Bourbon-Vanille
80 g getrocknete Aprikosen
1 reife Banane
200 g Erdnussmus
1 EL Kokosöl

Außerdem:
kleine Form (20 × 30 cm, ersatzweise ein Holzbrett)

MANDEL-MANGO-SCHNITTEN

AB BEIKOSTREIFE

FÜR 15 STÜCK
25 MIN. ZUBEREITUNG
15 MIN. BACKEN

Für die Creme:
300 g Frischkäse
75 g Mangomark (ersatzweise Obst-Gläschen)

Für den Teig:
40 g Datteln (entsteint)
50 g Apfelmark
3 Eier (M)
75 g Mehl
50 g gemahlene Mandeln
2 TL Weinstein-Backpulver
25 g Speisestärke

1 Für die Creme den Frischkäse in einer kleinen Schüssel mit dem Mangomark glatt rühren und in den Kühlschrank stellen.

2 Den Backofen auf 200° vorheizen und ein Backblech mit einem Bogen Backpapier auslegen.

3 Für den Teig die Datteln fein würfeln und mit Apfelmark in einem hohen Mixbecher pürieren. Die Eier mit den Rührbesen des Handrührgeräts in ca. 3 Min. schaumig schlagen. Das Dattel-Apfelmark unterrühren.

4 Mehl, Mandeln, Backpulver und Speisestärke darüber sieben und unterheben. Teig auf dem Blech gleichmäßig auf eine Größe von ca. 20 × 30 cm ausstreichen. Im Ofen (Mitte) 13–15 Min. backen. Anschließend hrausnehmen, auf ein Kuchengitter stürzen und das Backpapier abziehen. Biskuit abkühlen lassen, quer dritteln und längs in 2 cm breite Streifen schneiden.

5 Wenn der Biskuit vollständig abgekühlt ist, mit Mangofrischkäse bestreichen und servieren.

PRAXIS-TIPP: Wer es schokoladig mag, ergänzt den Teig mit 1 EL Kakaopulver. Du kannst die Schnitten für die Großen außerdem mit gehackter Schokolade bestreuen.

LINSEN-KAROTTEN-MUFFINS

AB BEIKOSTREIFE

1 Den Backofen auf 180° vorheizen. Die Linsen in ein Sieb geben, gut abspülen und kurz abtropfen lassen. Dann in einem Mixer fein pürieren. Die Eier, den Joghurt und das Apfelmark zugeben und glatt rühren.

2 Die Möhren putzen, schälen und fein reiben. Ebenfalls unter die feuchten Zutaten mischen. Mehl, Zimt, Backpulver und Kokosraspel zügig unter den Teig mischen.

3 Ein Muffinblech mit Papierförmchen auslegen, den Teig gleichmäßig einfüllen. Im heißen Ofen (Mitte) 20–25 Min. backen – wenn an einem hineingestochenen Holzstäbchen kein Teig mehr kleben bleibt, sind die Muffins fertig. Dann herausnehmen und auf einem Kuchengitter abkühlen lassen.

FÜR 12 STÜCK
15 MIN. ZUBEREITUNG
25 MIN. BACKEN

100 g braune Linsen (Dose)
2 Eier (M)
100 g Kokosjoghurt
100 g Apfelmark
2 Möhren
140 g Mehl
1 TL Ceylon-Zimtpulver
1 TL Weinstein-Backpulver
50 g Kokosraspel

Außerdem:
12er-Muffinblech
12 Papier-Muffinförmchen

BANANEN-HIRSE-STANGEN

AB BEIKOSTREIFE

FÜR 20 STÜCK • 20 MIN. ZUBEREITUNG • 15 MIN. BACKEN

100 g Hirse • 2 reife Bananen • 2 EL gemahlene Leinsamen • 1 EL Nussmus

1 Die Hirse in einem Sieb waschen, dann mit 200 ml Wasser in einem kleinen Topf aufkochen. Zugedeckt bei kleiner Hitze in ca. 15 Min. gar kochen, dann in eine große Schüssel umfüllen.

2 Den Backofen auf 175° vorheizen. Die Bananen schälen und mit einer Gabel zerdrücken. Leinsamen und Nussmus unterrühren. Alles unter die Hirse mischen und mit angefeuchteten Händen ca. 20 Stangen (à 2 × 7 cm) formen. Die Stangen auf einem mit Backpapier belegten Blech mit etwas Abstand platzieren und im heißen Ofen (Mitte) ca. 15 Min. backen.

3 Herausnehmen und auf einem Kuchengitter abkühlen lassen. Die Stangen lassen sich gut tiefkühlen und auf dem Toaster auftauen.

BOHNENHAPPEN

AB BEIKOSTREIFE

FÜR 30 STÜCK • 10 MIN. ZUBEREITUNG • 28 MIN. BACKEN

1 Glas weiße Bohnen (240 g Abtropfgewicht) • 3 Eier (M) • 100 g geriebener Gruyère (ersatzweise Emmentaler) • 50 g Vollkorn-Dinkelmehl • 50 g gemahlene Haselnusskerne (ersatzweise Mandeln) • 1 TL getrockneter Thymian • Auflaufform (ca. 20 × 30 cm)

1 Den Backofen auf 180° vorheizen und eine Auflaufform mit Backpapier auslegen.

2 Die Bohnen in ein Sieb abgießen, abspülen und abtropfen lassen. Die Eier in eine große Schüssel geben und mit den Rührbesen des Handrührgeräts schaumig aufschlagen. Die übrigen Zutaten zugeben und alles zügig zu einer homogenen Masse verrühren. Diese in die Form füllen, gleichmäßig verteilen und im Ofen (Mitte) ca. 28 Min. backen. Herausnehmen und abkühlen lassen.

3 Den gebackenen Teig dritteln und in 2 cm breite Streifen schneiden. Die Bohnenhappen lassen sich bis zu 3 Tage im Kühlschrank aufbewahren oder tiefkühlen.

PRAXIS-TIPP: Du kannst auch andere Bohnen oder vorgekochte Linsen (Glas) verwenden.

FÜR DIE GROSSEN: Einen Teil der Masse kannst du vor dem Backen mit etwas grobem Meersalz und Chiliflocken bestreuen.

BROWNIES MIT KIDNEYBOHNEN

AB BEIKOSTREIFE

1 Den Backofen auf 175° vorheizen, die Auflaufform mit einem Bogen Backpapier auslegen.

2 Die Aprikosen fein würfeln und mit Pflanzendrink und Öl in einem hohen Mixbecher fein pürieren.

3 Die Bohnen in einem Sieb abspülen und abtropfen lassen. Die Banane schälen und in grobe Stücke brechen. Bohnen und Bananen zur Aprikosenmilch geben und alles erneut pürieren.

4 Mehl, Mandel, Kakao und Backpulver in einer Schüssel mischen. Die Aprikosen-Bohnen-Milch dazugeben und alles mit einem Löffel zügig zu einem homogenen Teig rühren.

5 Den Brownieteig in die Form füllen und im heißen Ofen (Mitte) ca. 30 Min. backen. Dabei evtl. nach ca. 15 Min. mit Backpapier abdecken, damit die Brownies nicht zu dunkel werden.

6 Die Form aus dem Ofen nehmen und die Brownies gut auskühlen lassen. Dann in 2,5 × 3 cm große Stückchen schneiden.

FÜR 30 STÜCK
20 MIN. ZUBEREITUNG
30 MIN. BACKEN

6 Soft-Aprikosen
125 ml Pflanzendrink
75 ml neutrales Öl
1 Dose Kidneybohnen (Abtropfgewicht 250 g)
½ Banane
200 g Dinkelmehl (Type 630)
75 g gemahlene Mandeln
50 g Kakaopulver
2 TL Weinstein-Backpulver

Außerdem:
Auflaufform (ca. 20 × 30 cm)

MEAL-PREP-TIPP: Die Browniestücke lassen sich super tiefkühlen und später bei Raumtemperatur auftauen.

HUMMUSCRACKER

AB BEIKOSTREIFE

FÜR 20 STÜCK
10 MIN. ZUBEREITUNG
30 MIN. BACKZEIT

100 g zarte Haferflocken
1 Knoblauchzehe
150 g gekochte Kichererbsen (Dose)
2 EL Tahin (Sesampaste)
2 EL Zitronensaft

1 Die Haferflocken im Mixer fein mahlen. Den Knoblauch schälen. Die Kichererbsen in ein Sieb abgießen, gut abspülen und kurz abtropfen lassen.

2 Kichererbsen zusammen mit Tahin, Zitronensaft, 4 EL Wasser und Knoblauch cremig pürieren. Das Hafermehl dazugeben und nochmals mixen, bis ein homogener Teig entsteht.

3 Den Backofen auf 180° vorheizen. Den Teig zwischen zwei Lagen Backpapier mit einem Nudelholz 4 mm dick ausrollen. Mit einem Pizzaschneider in 3 × 4 cm große Cracker schneiden, diese aber nicht auseinanderziehen. Die Cracker im heißen Ofen (Mitte) ca. 30 Min. backen.

4 Die Cracker herausnehmen und komplett abkühlen lassen. Zum Servieren an den Bruchkanten auseinanderbrechen.

PIÑA-COLADA-EIS AM STIEL

AB BEIKOSTREIFE

FÜR 6 STÜCK • 10 MIN. ZUBEREITUNG • 4 STD. KÜHLEN

100 g Ananas • 200 g Kokosmilch (Dose) • 1 Passionsfrucht • 2 EL Kokosflocken • 6 Eisförmchen (à 50 ml)

1 Die Ananas schälen, den harten Strunk herausschneiden und 100 g Fruchtfleisch in einen Mixer geben. Kokosmilch dazugeben und kräftig mixen. Dann die Passionsfrucht halbieren, zugeben und zusammen mit den Kokosflocken unter die Masse rühren.

2 Die Mischung in die Eisförmchen füllen, verschließen und mind. 4 Std. tiefkühlen.

PRAXIS-TIPP: Eine Ananas ist immer groß. Wenn sie sehr reif ist, kannst du sie auch pur in Streifen anbieten. Alternativ lässt sich aus der pürierten Ananas und etwas Agar-Agar schnell ein zuckerfreier Fruchtaufstrich zubereiten.

BROMBEER-MILCH-SHAKE-EIS

AB BEIKOSTREIFE

FÜR 6 STÜCK • 10 MIN. ZUBEREITUNG • 4 STD. KÜHLEN

100 g Brombeeren • 2 EL Cashew-Mus • ½ TL gemahlene Bourbon-Vanille • 200 ml Milch (ersatzweise Pflanzendrink) • 6 Eisförmchen (à 50 ml)

1 Die Brombeeren verlesen und in einem Sieb vorsichtig waschen. In einem Mixbecher fein pürieren und durch ein Haarsieb streichen, um die Kerne zu entfernen.

2 Cashew-Mus, Vanille und Milch fein mixen und in die Eisförmchen füllen. In jede Form 1–2 EL Brombeermus geben und mit einem Schaschlikspieß vorsichtig unterühren, sodass ein schönes Muster entsteht.

3 Die Förmchen verschließen und mind. 4 Std. in den Tiefkühler stellen.

POWERBÄLLCHEN

AB BEIKOSTREIFE

FÜR 22 STÜCK • 15 MIN. ZUBEREITUNG

90 g zarte Haferflocken • 30 g Hirseflocken (ersatzweise Haferflocken) • 50 g gemahlene Mandeln • 100 g Datteln (entsteint, ersatzweise Aprikosen) • 1 EL Sesam

1 Alle Zutaten in einem Mixer in wenigen Minuten zu einer feinen, klebrigen Masse pürieren lassen, evtl. zwischendurch die Masse vom Rand nach unten schieben. Je 1 TL der Masse abnehmen und zu kleinen Bällchen formen.

2 Die Bällchen bis zu 4 Tage in einer luftdicht verschlossenen Dose im Kühlschrank aufbewahren oder tiefkühlen.

PRAXIS-TIPP: Wenn du keinen Mixer hast, kannst du die Datteln ca. 15 Min. in heißem Wasser einweichen, abgießen und mit den übrigen Zutaten in einem hohen Mixbecher pürieren.

APRIKOSEN-HASELNUSS-BITES

AB BEIKOSTREIFE

FÜR 20 STÜCK • 15 MIN. ZUBEREITUNG

50 g Soft-Aprikosen (ungeschwefelt) • 150 g geröstete, gemahlene Haselnusskerne + 2 EL zum Rollen • 1 Msp. gemahlene Bourbon-Vanille

1 Die Aprikosen fein würfeln und in einen Mixer füllen. Mit den Haselnüssen und der Vanille zu einer feinen, klebrigen Masse pürieren. Die restlichen Haselnüsse in einen tiefen Teller geben.

2 Aus der Masse mit leicht angefeuchteten Händen ca. 20 haselnussgroße Kugeln formen und in den gemahlenen Nüssen wälzen.

3 Die Kugeln luftdicht bis zu ca. 5 Tage im Kühlschrank aufbewahren oder tiefkühlen.

BIRNENMUS-MUFFINS

AB BEIKOSTREIFE

FÜR 7 STÜCK
10 MIN. ZUBEREITUNG
20 MIN. BACKEN

2 Eier (M)
4 EL neutrales Öl
160 g Birnenmus (ersatzweise Apfel-Birnen-Mark)
2 geh. EL Joghurt
50 g Mehl
50 g gemahlene Haselnusskerne
1 TL Weinstein-Backpulver
½ TL Ceylon-Zimtpulver

Außerdem:
12er-Muffinblech
7 Papier-Muffinförmchen

1 Den Backofen auf 180° vorheizen. Die Eier trennen und das Eiweiß sehr steif schlagen.

2 Das Eigelb mit dem Öl in einer Schüssel mit den Rührbesen des Handrührgeräts cremig rühren. Dann Birnenmus, Joghurt, Mehl, Haselnüsse, Backpulver und Zimt zugeben und alles zu einem glatten Teig rühren. Das Eiweiß vorsichtig unterheben.

3 Das Muffinblech mit Papierförmchen auslegen, den Teig gleichmäßig auf sieben Mulden verteilen. Das Blech in den heißen Ofen (Mitte) schieben und die Muffins ca. 20 Min. backen. Herausnehmen und auf einem Kuchengitter abkühlen lassen.

PORRIDGEBÄLLCHEN

AB BEIKOSTREIFE

FÜR 12 STÜCK
15 MIN. ZUBEREITUNG
12 MIN. BACKEN

50 g Himbeeren
100 g zarte Haferflocken
1 Msp. gemahlene Bourbon-Vanille
125 ml Haferdrink

1 Die Himbeeren verlesen, waschen und mit einer Gabel zerdrücken. Haferflocken, Vanille und Haferdrink dazugeben und alles ca. 5 Min. quellen lassen.

2 Den Backofen auf 180° vorheizen und ein Backblech mit einem Bogen Backpapier auslegen.

3 Mit angefeuchteten Händen aus je 1 EL der Masse walnussgroße Bällchen formen und mit wenig Abstand aufs Blech legen.

4 Im heißen Ofen (Mitte) ca. 12 Min backen. Herausnehmen und etwas auskühlen lassen.

ERDBEEREN IM TEIGMANTEL

AB PINZETTENGRIFF

FÜR 10 STÜCK • 20 MIN. ZUBEREITUNG

40 g Mehl • ½ TL Weinstein-Backpulver • 100 g Erdbeeren • 300 ml neutrales Öl

1 Das Mehl mit Backpulver und 50 ml Wasser zu einem dünnen, glatten Teig rühren. Diesen ein paar Min. ruhen lassen.

2 Inzwischen die Erdbeeren gründlich waschen und putzen. Auf ein sauberes Küchentuch geben und vorsichtig trocken tupfen.

3 Das Öl in einen Topf geben und heiß werden lassen. Die Erdbeeren portionsweise in den Teig geben und vorsichtig mit einer Gabel herausheben. Dann die Erdbeeren im heißen Öl in ca. 3 Min. goldbraun frittieren.

4 Mit einer Schöpfkelle herausnehmen und auf Küchenpapier abtropfen lassen. Vor dem Servieren etwas abkühlen lassen.

FÜR DIE GROSSEN: Nachdem die Erdbeeren fürs Baby ausgebacken wurden, noch 1 EL Zucker unter den restlichen Teig rühren.

BANANEN IM BLÄTTERTEIG

AB PINZETTENGRIFF

FÜR 8 STÜCK • 20 MIN. ZUBEREITUNG • 25 MIN. BACKEN

2 Bananen • 2 EL Kokosmus (ersatzweise Nussmus) • 1 EL Kokosflocken • 1 Rolle Blätterteig (Kühlregal) • 50 g Himbeeren • 100 g Kokosjoghurt

1 Den Backofen auf 200° vorheizen. Ein Backblech mit Backpapier auslegen.

2 Die Bananen schälen, quer und längs halbieren. Das Kokosmus glatt rühren und auf die Schnittkanten der Bananenviertel streichen. Mit Kokosflocken bestreuen.

3 Den Blätterteig ausrollen und längs in acht ca. 3 cm breite Streifen schneiden. Die Bananenviertel damit vorsichtig umwickeln und mit etwas Abstand aufs Blech legen.

4 Im Ofen (Mitte) in ca. 25 Min. goldbraun backen, dann herausnehmen und auf einem Kuchengitter abkühlen lassen.

5 Inzwischen die Himbeeren waschen, verlesen und in einer kleinen Schüssel mit einer Gabel zerdrücken. Den Kokosjoghurt unterrühren. Joghurt mit Bananen servieren.

ZIMTBRÖTCHEN

AB BEIKOSTREIFE

1 Den Backofen auf 175° vorheizen. Ein Backblech mit Backpapier auslegen. Das Haselnussmus mit ½ TL Zimt glatt rühren.

2 Mehl, Backpulver und die restlichen 1 ½ TL Zimt in einer Schüssel vermischen. Ei, Öl und 100 ml Wasser dazugeben und alles in wenigen Minuten mit den Knethaken des Handrührgeräts zu einem klebrigen Teig verkneten.

3 Teig auf einer leicht bemehlten Arbeitsfläche mit Hilfe einer Teigkarte in zwölf gleich große Teile trennen. Jedes Teil zu einer Kugel formen, in der Hand leicht platt drücken und ca. 1 TL Nussmus in die Mitte geben. Teigränder nach oben zusammendrücken und so verschließen. Die Brötchen nebeneinander mit der verschlossenen Seite nach unten aufs Blech legen. Im heißen Ofen (Mitte) ca. 20 Min. backen. Herausnehmen und abkühlen lassen. Die Brötchen lassen sich toll einfrieren.

FÜR 12 STÜCK
25 MIN. ZUBEREITUNG
20 MIN. BACKEN

4 EL Haselnussmus
2 TL Ceylon-Zimtpulver
300 g Dinkelmehl (Type 630) + mehr zum Arbeiten
2 TL Weinstein-Backpulver
1 Ei (M)
40 ml neutrales Öl

REGISTER

G

H/J

K

BACKOFENHINWEIS:
Die Backzeiten können je nach Herd variieren. Die Temperaturangaben in unseren Rezepten beziehen sich auf das Backen im Elektroherd mit Ober- und Unterhitze und können bei Gasherden oder Backen mit Umluft abweichen. Details entnehmen Sie bitte der Gebrauchsanweisung Ihres Herdes.

VEGANE REZEPTE

LIEBE LESERINNEN UND LESER,

wir wollen Ihnen mit diesem Buch Informationen und Anregungen geben, um Ihnen das Leben zu erleichtern oder Sie zu inspirieren, Neues auszuprobieren. Wir achten bei der Erstellung unserer Bücher auf Aktualität und stellen höchste Ansprüche an Inhalt und Gestaltung. Alle Anleitungen und Rezepte werden von unseren Autoren, jeweils Experten auf ihren Gebieten, gewissenhaft erstellt und von unseren Redakteur*innen mit größter Sorgfalt ausgewählt und geprüft.

Haben wir Ihre Erwartungen erfüllt? Sind Sie mit diesem Buch und seinen Inhalten zufrieden? Wir freuen uns auf Ihre Rückmeldung. Und wir freuen uns, wenn Sie diesen Titel weiterempfehlen, in Ihrem Freundeskreis oder bei Ihrem Online-Kauf.

Sollten wir Ihre Erwartungen so gar nicht erfüllt haben, tauschen wir Ihnen Ihr Buch jederzeit gegen ein gleichwertiges zum gleichen oder ähnlichen Thema um.

KONTAKT ZUM LESERSERVICE

GRÄFE UND UNZER VERLAG
Grillparzerstraße 12
81675 München
www.gu.de

Ein Unternehmen der
GANSKE VERLAGSGRUPPE

IMPRESSUM

GU ist eine eingetragene Marke der GRÄFE UND UNZER VERLAG GmbH, www.gu.de

ISBN 978-3-8338-9064-2
1. Auflage 2023

Projektleitung: Monika Greiner, Linh Nguyen
Lektorat: Melanie Haizmann
Korrektorat: Jutta Friedrich
Innenlayout: independent Medien Design, Horst Moser
Umschlaggestaltung: ki 36 Editorial Design, Stephanie Reindl
Herstellung: Susanne Fuhrmann
Satz: Longo AG, Bozen
Repro: Longo AG, Bozen
Druck & Bindung: aprinta GmbH, Wemding

UMWELTHINWEIS:

Nachhaltigkeit ist uns sehr wichtig. Der Rohstoff Papier ist in der Buchproduktion hierfür von entscheidender Bedeutung. Daher ist dieses Buch auf PEFC-zertifiziertem Papier gedruckt. PEFC garantiert, dass ökologische, soziale und ökonomische Aspekte in der Verarbeitungskette unabhängig überwacht werden und lückenlos nachvollziehbar sind. Die GU-Homepage finden Sie unter www.gu.de

BILDNACHWEIS:

Alle Bilder und Cover: Sabrina Sue Daniels ausgenommen S. 3 und 158: Andrea Mühleck und S. 5: Coco Lang Syndication: www.seasons.agency

WICHTIGER HINWEIS

Die Gedanken, Methoden und Anregungen in diesem Buch stellen die Meinung bzw. Erfahrung der Verfasserinnen dar. Sie wurden von den Autorinnen nach bestem Wissen erstellt und mit größtmöglicher Sorgfalt geprüft. Sie bieten jedoch keinen Ersatz für persönlichen kompetenten medizinischen Rat. Jede Leserin, jeder Leser ist für das eigene Tun und Lassen auch weiterhin selbst verantwortlich. Weder Autorinnen noch Verlag können für eventuelle Nachteile oder Schäden, die aus den im Buch gegebenen praktischen Hinweisen resultieren, eine Haftung übernehmen.